总　　编：
　　中共厦门市委宣传部
　　厦门市社会科学界联合会
执行编辑：
　　厦门市社会科学院

同文书库·厦门文献系列
编辑委员会
编　　委：
　　周旻　洪卜仁　何丙仲　洪峻峰　谢泳
　　萧德洪　李桢　李文泰
主　　编：
　　周旻
副主编：
　　洪峻峰　李桢

日本记者镜头中的侵华战争

胡汉辉 / 著

厦门大学出版社 国家一级出版社
XIAMEN UNIVERSITY PRESS 全国百佳图书出版单位

图书在版编目(CIP)数据

日本记者镜头中的侵华战争/胡汉辉著. —厦门:厦门大学出版社,2017.1
(厦门社科丛书)
ISBN 978-7-5615-6420-2

Ⅰ.①日… Ⅱ.①胡… Ⅲ.①侵华战争-史料-日本 Ⅳ.①K265.306

中国版本图书馆 CIP 数据核字(2017)第 025337 号

出 版 人	蒋东明
责任编辑	王鹭鹏
美术编辑	李嘉彬
封面设计	蔡志强
印制人员	朱 楷

出版发行	厦门大学出版社
社 址	厦门市软件园二期望海路 39 路
邮政编码	361008
总 编 办	0592-2182177 0592-2181406(传真)
营销中心	0592-2184458 0592-2181465
网 址	http://www.xmupress.com
邮 箱	xmupress@126.com
印 刷	厦门集大印刷厂

开本 787mm×1092mm 1/16
印张 17.75
插页 2
字数 363 千字
印数 1～3 000 册
版次 2017 年 1 月第 1 版
印次 2017 年 1 月第 1 次印刷
定价 80.00 元

本书如有印装质量问题请直接寄承印厂调换

厦门大学出版社
微信二维码

厦门大学出版社
微博二维码

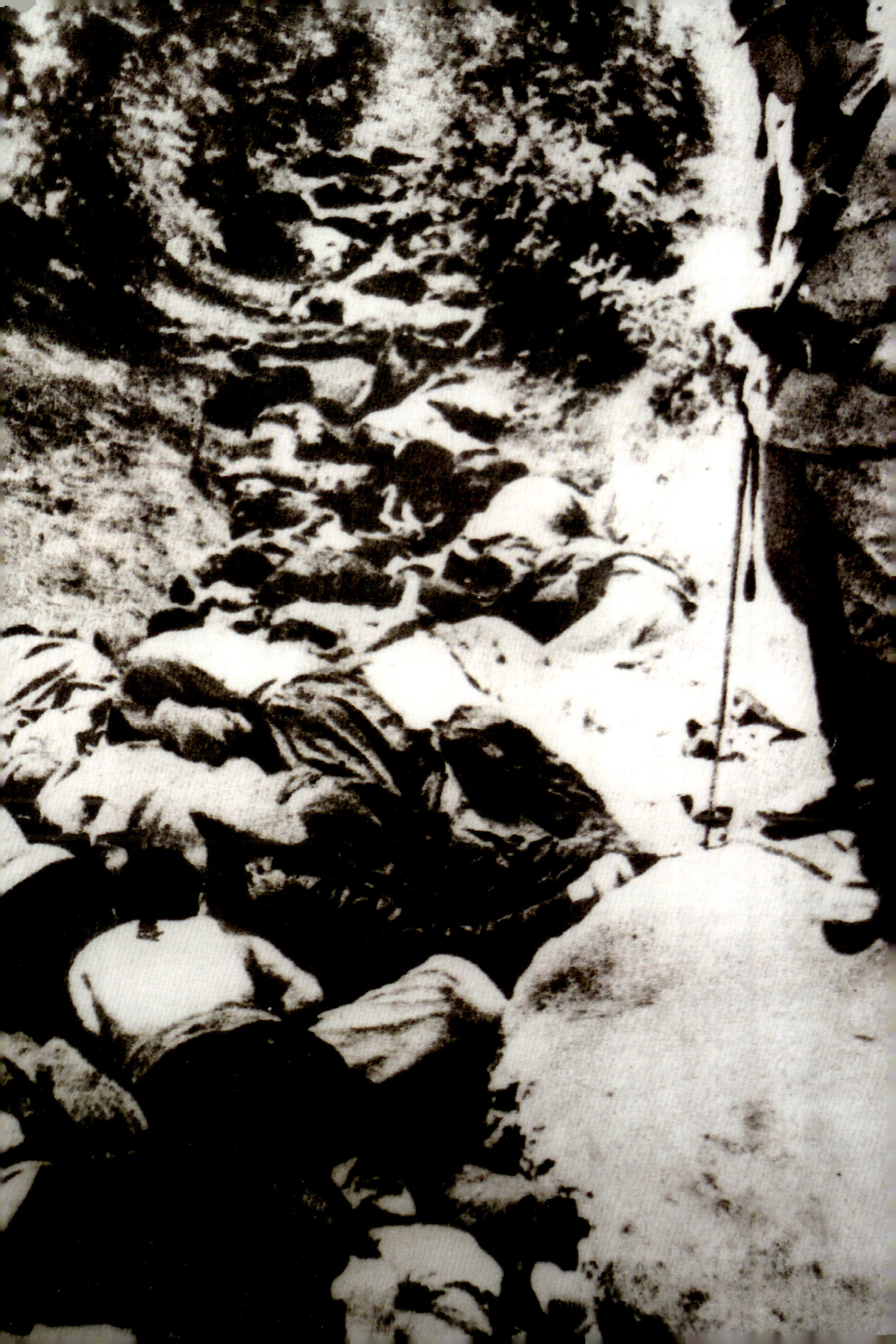

总　序

　　文化是民族的血脉和灵魂，传承和弘扬中华优秀传统文化，对于践行社会主义核心价值观，实现民族伟大复兴的中国梦，具有十分重要的意义。在大时代进程中，我们不仅要"看得见山，望得见水"，更要"记得住乡愁"，正是这深沉、浓郁的文化乡愁，开启了我们的精神文化之源。

　　厦门融汇多元文化的精神特质，兼具内陆文化与海洋文化之长处，整合了闽南文化与中原文化之精髓，反映了中国文化与西方文化之碰撞。认真梳理厦门历史文化的脉络，既是厦门城市发展的内在精神需求，也是厦门地方历史文化研究的时代重任。此次，同文书院推出"同文书库"系列丛书，对弘扬厦门地方历史文化、传承学术人文精神、促进两岸文化交流必将发挥积极的推动作用。我想，重视厦门地方历史文化的研究和传承，有两个维度十分重要，即中华文明史进程的维度和全球文明史进程的维度，非如此不能激发出厦门文化的更大活力和影响。希望"同文书库"的出版发行，能为传承和弘扬地方优秀传统文化，为把厦门建成美丽中国典范城市提供重要的精神动力、智力支持与文化条件。

中共厦门市委常委、宣传部长
叶重耕
2015年3月

序

抗日战争，是中华民族历史上的一个重要事件；侵华日军的暴行，是中国人民绝不可忘却的历史记忆；不屈的抗争斗志，是国民自强不息的精神境界。我们必须以各种形式和手法，将这一时段发生的一切，如实地记录下来，既留给我们的后人，也昭告世界各国人民，以引发国际社会的广泛关注。牢记历史，毋忘国耻，因为，"忘记过去的苦难可能招致未来的灾祸"（参与审判日本战犯的远东国际军事法庭中国代表法官梅汝璈语）。

胡汉辉的《日本记者镜头中的侵华战争》一书，正可以起这种效应。我先睹为快，感觉它具有三个特色：

一、立足厦门，放眼全国。本书以日本军队侵占厦门的1938年为切入点，揭露、控诉日本强盗的野蛮行径。作者立足厦门，放眼全国，除了反映厦门受侵略的事实，尚摘示日军在北京、天津、南京、太原、合肥、安庆、开封、武汉、汕头、广州、香港等地的罪行录。其中有不少原始照片，第一次与读者见面。

侵华日军在厦门的屠杀、蹂躏，仅仅是其无数暴行中的一小部分，而其杀人手段之残酷，蹂躏恶性之凶狠，如同南京大屠杀一样，创造了惨绝人寰的历史记录。厦门由于地理、历史特质，在战争中具有举足轻重的作用，所以日本的统治也特别严密、残暴，他们在厦门成立"特别市政府"，就是一种战略考虑。从一点带出多面，就能了解日军暴行的全貌，这是本书的重大意义所在。

二、田野调查，亲力亲为。作者为了寻找资料，跑遍各地，特别到香港、台湾和日本，从档案馆、图书馆、研究所、高等学

校等单位，搜罗史料、档案。其间，得到不少学者、专家的帮助和支持，从当年的日本刊物上，获得第一手材料。

书中这些原版新闻照片，都是日本派出的从军记者拍摄的，他们为了炫耀"武功"和"战绩"，在日本报刊上刊发这些图片，而这正成为他们的"自供状"。这些确凿的证据，以原版图片的形式展示，是对侵华日军惨无人道暴行的血泪控诉，是日本军国主义者反人类暴行的真实记录。读者可通过史料图片探求历史真实，体验悲痛灾难，缅怀死难同胞、革命先烈和民族英雄，从而珍视和平，防止悲剧重演。这是本书的一大亮点。

三、图文并茂，还原历史。本书的开头部分，略述日本军国主义的形成和发展过程，从16世纪末的丰田秀吉，到21世纪初的安倍晋三，军国主义的思维模式一脉相承。他们为发动侵略战争做了充分的舆论准备与物质准备，进行了全民总动员。他们屠杀异国军民的残暴行径，罄竹难书，但是，他们篡改历史，美化战争，拒不承认侵略，毫无认罪悔过之意，而存东山再起之心。

安倍政权力图将当今日本变为可以发动战争的国家并加速推进武器出口，不遗余力地破除《和平宪法》这一约束日本向军国主义发展的"紧箍咒"，企图打乱东南亚国家的政治、经济、军事格局，以实现当年的"大东亚共荣"的梦想。我们必须通过史料，驳斥右翼政客们扭曲历史史实的种种谬论，促使日本政府对侵略历史进行深刻反省，以史为鉴，面向未来。

此外，书中对"台儿庄大捷"等的叙述，肯定了国民党军队在正面战场上曾经发挥的作用，这是实事求是的。

前事不忘，后事之师，重温这段历史，有助于人们深刻认识侵略战争的本质、军国主义的祸害，从而对日本军国主义保持高度的警惕。八十年前惨痛的历史经历，再一次告诫我们，一个国家，贫穷和落后就要挨打。为了不致挨打，中华民族必须振兴，国家必须富强，人民必须团结，正义必须捍卫。日本军国主义者胆敢侵犯我国，危害世界和平，必须予以痛击，直至其彻底灭亡。

感谢胡汉辉用相机翻阅并呈现历史，用图片传播真情，用史料构筑记忆。

彭一万
2016年12月12日于鹭江天风阁

目 录

第一章　日本这个民族 / 001~010

第二章　侵华战争前日本的军事武备与舆论先行 / 011

　　　第一节　潜水艇、巨型航母、准航母 / 012~024
　　　第二节　战术、技能都优于关东军的兵种——水上特别攻击队 / 025~030
　　　第三节　日本从军记者佐证侵华铁案 / 031~038

第三章　被蹂躏的乡土 / 039

　　　第一节　厦门守军击沉日本驱逐舰 / 040~049
　　　第二节　日军进攻厦门 / 050~065
　　　第三节　厦门保卫战 / 066~070
　　　第四节　厦门被日军占领 / 071~090
　　　第五节　日本从军记者镜头中"繁荣与和平的厦门" / 091~094

第四章　北平城被日军占领，天津、山西沦陷 / 095

　　　第一节　北平沦陷 / 096~104
　　　第二节　天津沦陷 / 105~108
　　　第三节　山西沦陷 / 109~114

第五章　淞沪会战 / 115~134

第六章　南京大屠杀　/ 135~170

第七章　徐州会战　/ 171

  第一节　台儿庄大捷　/ 172~178
  第二节　惨烈的开封之战　/ 179~184
  第三节　徐州沦陷　/ 185~197
  第四节　合肥沦陷　/ 198~201
  第五节　安庆陷落　/ 202~204

第八章　黄河之战——黄河溃堤水淹日军　/ 205~220

第九章　武汉会战　/ 221~230

第十章　华南沦陷　/ 231

  第一节　广州沦陷　/ 232~237
  第二节　海南沦陷　/ 238~244
  第三节　汕头沦陷　/ 245~251
  第四节　香港沦陷　/ 252~256

第十一章　日本法西斯投降　/ 257~271

后　记　/ 272

第一章 日本这个民族

日本记者镜头中的侵华战争

日本这个民族的右翼政客，干尽坏事，从仰慕中国到仇视、侵略中国；从发动甲午战争到1895年攻占台湾炮台，对台湾进行50年的血腥占据；从发动全面侵华战争，残害杀戮中国人民，到今日仍然占据中国领土钓鱼岛……其侵害中国的过程十分漫长，野心勃勃与撒谎成性成为日本右翼政客们的人格特征！

日本没有文字，现有的文字是六世纪时从中国输入的，逐渐演变而来。隋唐时，日本国人的心态是"仰视中国"，一队一队遣隋使不畏艰难，他们乘坐落后的平底船从日本出发，越过浩瀚的大洋，不知有多少人被狂风恶浪卷走，葬身鱼腹。幸存者怀着顶礼膜拜之心，来到隋都洛阳。他们肩负着向中国学习的历史使命。日本使节抵达隋都洛阳时，带来措辞古怪可笑的国书："日出处天子致书日落处天子，无恙耶……"隋炀帝听了勃然大怒——小小岛国的"天子"竟然把洛阳称为"日落处"！他认为日本处心积虑摆脱朝贡国地位，谋求与中国对等的外交地位。"遣隋使""遣唐使"不畏艰难险阻，来到中国学习，是因为仰慕中国的强大和安康，就像池步洲先生在《日本遣唐使简史》中所描述的，当时隋都的繁华令人瞠目惊视，"街上树木全都裹以丝绸，深夜而街市依然热闹；大剧场印度象的杂技团等处人山人海；外国使节所到之处，饮食免费……"

今日日本京都、奈良唐风依然浓烈，这是日本敬慕中国、学习中国的见证。

除了思想上的"拿来意识"，遣唐使也将中国儒家文化的思想精髓输入日本，这种文化不可阻挡地渗入日本的政治、经济、军事、文化和民众生活的各个领域。尊崇孔子的各式文庙遍及日本各个角落，天皇的名字也用中国字，睦仁天皇的年号"明治"来自《易经·说卦篇》中的"向明而治"一语。

环境决定意识。日本狭长而孤立于大洋之中，在江户时代，一个村子就像一个大家庭。社会由小圈子组成，最受尊敬的人是这个小圈子里的首脑人物，小圈子比家庭还重要！小圈子的首领必须全心全意地维护大家庭的利益并不断扩大这种利益。在物质匮乏的年代，小圈子的平均分配观念逐渐被抛弃，私有意识日益增强，政治色彩浓厚的"小王国"纷纷出现，于是，相互征战、讨伐、吞并。奈良时期的对外扩张遭到新罗的阻碍，这一时期的领土扩张主要集中在日本岛内。

时空转换，与外界交流的日益频繁，小圈子的利益逐渐被政治人物扩大，演变为"大国利益"。狭隘的大岛国意识是滋生民族霸权意识的根源，

■ 图1-1　日本大阪的四天王寺

四天王寺建筑风格承袭自中国。虽然历经风雨，但风格与布局依然如初。

■ 图1-2　四天王寺俯瞰图

儒家学说并没能教会学生讲求仁爱，讲求和睦，与人为善，与邻为伴，以仁爱人。那些张狂的政治人物将儒家文化作为抑善扬恶的躯壳，从灵魂深处变异出扩张、侵略、杀戮、蹂躏周边邻国的"大日本帝国"思想。

15世纪，闭关锁国的中国开始没落；日本也进入200余年锁国的德川时代……经过漫长岁月的封闭、思考、蜕变、观察、比较，并且通过长崎的"倚窗口观察眼"的交流、学习与再观察、再交流、再思考之后，日本的国家意

识反而更加狭隘——嫉恨老天太不公平，凭什么把大片大片广袤疆域和丰厚物产授赐给中国？！这个民族的思维方式与价值观依然处于江户的阴影中。16世纪末，日本封建领袖丰臣秀吉曾公开称言："在我有生之年，誓将唐（即明朝）之领土纳入我版图！"丰臣秀吉还直言不讳地说："当我统治日本成功之后，我就把日本交给弟弟吉长，我自己则专心一意去征服朝鲜和中国。"

1592—1597年，日本先后出兵侵朝，觊觎中国。这是大日本帝国侵略、奴役其他邻国的民族利己主义历史见证。

1603—1868年，是日本的德川幕府时期，崇尚征战之风堂而皇之地从决策与思想高层向全民族渗透。日本大肆贬斥中国的落后与野蛮，表白其侵略与奴役别人的正当性。明治维新成功，国力增强，日本完全抛弃对中国的崇敬心理，从"慕华"变为"蔑华"，从"崇拜"转化为"蔑视"……

1894年中日甲午之战，李鸿章的北洋舰队战败；1895年，日本军队占领台湾；1904—1905年，日俄战争，日本战胜；1937年7月7日，日本发动"卢沟桥事变"；1937年9月，日本舰队企图用舰炮打开厦门的大门；1938年5月，日本军队占领厦门并对整个中国进行更为全面的侵略战争……

1940年8月，日本近卫相发表声明，明确提出"大东亚共荣圈"的名称及其势力范围。1943年，东条英机发表战争谈话："……对帝国来说，大东亚战争是一场被迫进行自存自卫的战争，同时也是东方各国民族的解放战争，这场战争的目的之一是使各个民族各得其所！"

善良的中国人多么希望日本这个民族的政治领袖的品质能有所改善，能正视侵华战争的罪恶，真正放下屠刀，立地成佛。但事实让中国人失望！从2012年9月开始的"购买钓鱼岛"风波至今，中国人终于感悟到日本代表军国主义利益的政客仍然捧着丰臣秀吉、东条英机的衣钵——野心与谎言并行，继续军国主义时代的蔑华、仇华、侵华思维，欺骗世界舆论。

日本首相安倍晋三在接受《华盛顿邮报》采访时就钓鱼岛争端发表看法说："中国与周边国家的领土争纷是出于共产党获得国内支持的根深蒂固的需求。"当中国外交部向日本提出严正交涉，要求日方立即澄清和交代时，日本官房长官菅义伟先是说"中国大陆媒体未能正确引用《华盛顿邮报》的采访内容"。当谎言被揭穿之后，又急急忙忙地责怪"该报未能正确引用首相的发言招致误解"。

野心与谎言，是日本这个民族右翼政客们的人格特质！从16世纪的丰臣秀吉到20世纪40年代的东条英机，乃至今日的日本右翼，这些日本政客的思维方式与价值观一脉相承！

图1-3　1895年6月，澎湖渔翁岛炮台被日军占领

图1-4　从拱北炮台远眺渔翁岛

图1-5　1895年6月4日，马公城颖阳门被日军占领

图1-6　1895年6月，高雄旗后炮台入口

图1-7 1895年6月,占领基隆社寮炮台的日军监护队。该炮台有12寸的英国"阿姆斯特朗"大炮

图1-8 1895年6月,基隆社寮炮台被日本混成第四旅团占领

图1-9 炮台兵营

图1-10 1895年,马公城拱北炮台

图1-11 拱北炮台外城墙

图1-12 日本首相安倍晋三接受《华盛顿邮报》采访

图1-13 《华盛顿邮报》东亚总局局长哈伦义愤填膺

第二章　侵华战争前日本的军事武备与舆论先行

第一节　潜水艇、巨型航母、准航母

　　本节照片资料是八十年前东京《大阪日日新闻》记者隅田川、川崎、冈梦在东京、大阪等地拍摄的，发表在《福冈日日新闻》第二辑、《"支那"事变画报》第三辑上。

　　日本发动侵华战争是全民总动员的，男女老少全部进入战争状态。日本青年出征，全国上下老少妇孺上街挥旗送行。大学肄业生东史郎应召入伍出征中国时，他的母亲送给他一把匕首，很淡定地对儿子说，如果不幸被中国人抓住，你就用此匕首剖腹自杀！东史郎在前往中国以后的日记中写道："母亲的话让我多么高兴。我觉得母亲特别伟大。我在心中坚定地发誓，我要欣然赴死！"东史郎的"从军日记"只是记录母亲的"送别辞"，但却被东京《朝日新闻》《日日新闻》《福冈日日新闻》等各大报纸和画刊转载。

　　日本朋友桥本先生为我提供的日本从军画家樱井真太郎的《征春》、村上芳树的《铳后》、石川一郎的《风俗》、间宫正的《厦门攻击》、岩崎清之助的《夜》等作品，这些绘画作品反映了在中国战场上的日本士兵日夜思念母亲、妻子、儿女以及为了"大东亚共荣"而作战的画面，以达到用绘画把强盗打扮成人性的受害者的目的！

　　《夜》展示日本海军航空队飞行员到中国参战，无数次冲入抗日根据地进行轰炸的场景。

　　《征春》在画面上采用"反格调"的表达方式——原本是生死离别的场景，却用了极其热烈的背景，展示了当时日本国内民众中"帝国大于庶民"的侵略心理。画面中有中国宫殿式的红色巨柱斗拱，还有铆着金色钮钉的两扇大门；大门后是八重樱花和新绿的春色，中间是日本母亲背着襁褓中的小儿子为即将出征中国参战的大儿子送行。

　　《风俗》描绘的是即将到中国参战的年轻士兵和妻子（恋人）、孩子惜别的场景。

　　间宫正的《厦门攻击》用素描手法描绘一群在战场上的日本士兵。长官的攻击令下达之后，他们揣着刺刀与中国守军进行白刃战。

第二章 侵华战争前日本的军事武备与舆论先行

村上芳树的《铳后》描绘了一位妇女带着两个幼小的孩子,夜晚,在炕头上给远在中国战场的丈夫写信,表达了她对丈夫的思念。

举国上下陷入战争狂热,这是日本军国主义御用思想家精心炮制和浸染的产物!

本书使用了五百多张图片资料,都是八十年前日本军队的从军记者在中国战场抓取的。从军记者群实际上是"笔杆子加镜头语言"的部队,他们竭尽全力为日本法西斯的侵华战争涂脂抹粉,是一把残杀中国人民的"软刀子"!他们所写的战地文章,所拍摄的战场照片,都意在宣扬日本法西斯在中国战场"圣战"的"光辉形象"。笔者把五百多张原始历史照片展示出来,是为了人类和平,为了让后代见证侵略战争,了解战争,阻止战争!

图2-1 日本军国主义认为"战争是创造之父、文化之母",这是日本陆军部制作的海报,旨在向下一代灌输对华战争的意识(川崎摄影)

图2-2 1937年"卢沟桥事变"之后,东京举行盛大的欢送仪式,欢送出征到中国战场参战的士兵

图2-3 这是日本陆军部制作的战争海报,左侧是渲染与日军合作有幸福的未来,右侧是渲染长期抗战的后果

第二章 侵华战争前日本的军事武备与舆论先行

015

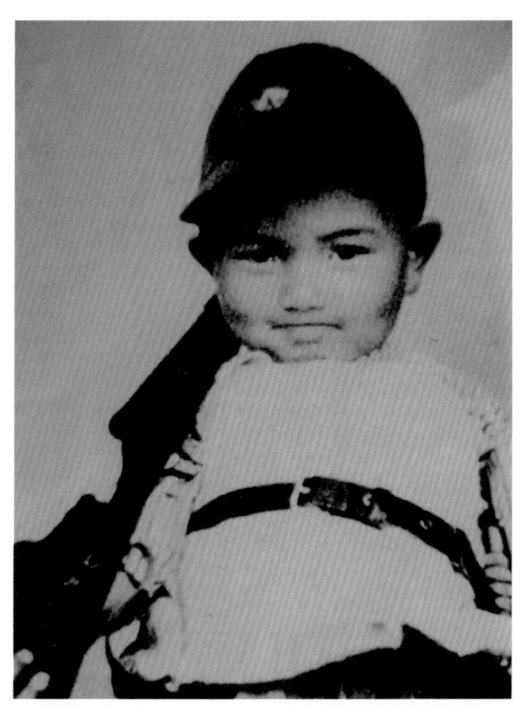

■ 图2-4 三岁的孩子也扛枪参加军事训练（川崎摄影）

■ 图2-5 这是日本东京《国际画报》封底对侵华战争的宣传。意思为侵华战争也得到日本儿童的支持，三岁的孩子也懂得拿起枪杆参加军事训练（川崎摄影）

图2-6 日本军国主义教育是从小学开始的,图为教官在小学里头训练学生(冈梦摄影)

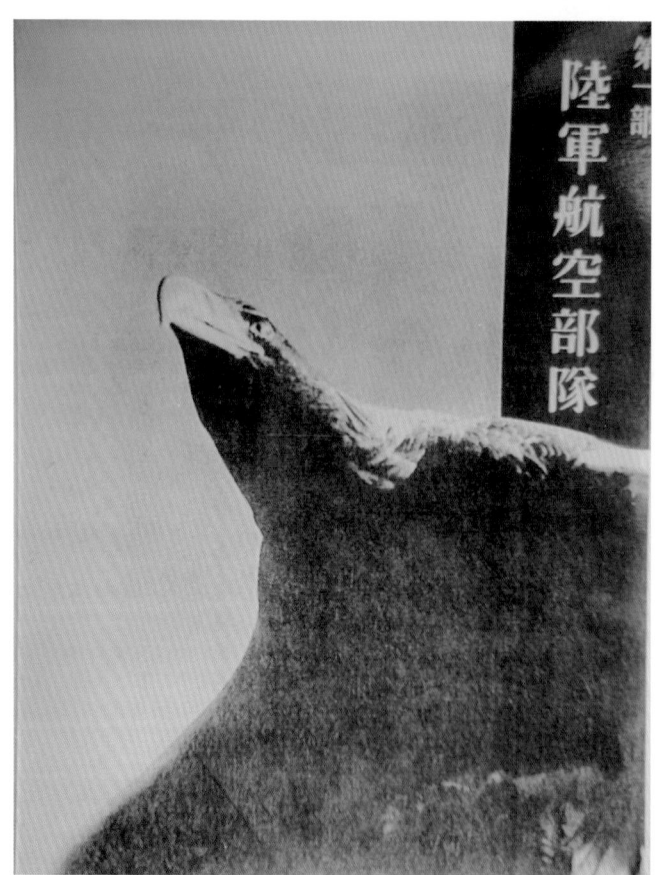

图2-7 日本陆军航空部队在战前设计的以鹰为主题的军事广告(川崎摄影)

第二章 侵华战争前日本的军事武备与舆论先行

图2-8 日本海军航空队"九五式"水上侦察机是侵华战争中的先进机种（川崎摄影）

图2-9 1936年年初，日本三菱造船厂的九千吨级水上准航母"瑞德号"下水试航（川崎摄影）

■ 图2-10 1936年,由日本三菱造船厂制造的四艘潜水舰下水训练试航(川崎摄影)

■ 图2-11 1936年秋,日本东京湾海军陆战队进行水上爆破训练(冈梦摄影)

■ 图2-12 日本海军陆战队进行登陆和过江训练(冈梦摄影)

第二章 侵华战争前日本的军事武备与舆论先行

019

图2-13　1936年春，日本三菱造船厂制造的大型航空母舰

图2-14　1936年秋天，东京湾海军陆战队进行水上攻击训练（隅田川摄影）

■ 图2-15　日本大阪海岸的海军陆战队在进行登陆训练（冈梦摄影）

■ 图2-16　1936年夏天，东部炮兵团用木质火炮进行训练（隅田川摄影）

第二章 侵华战争前日本的军事武备与舆论先行

图2-17 1935年5月,日本海军部的训练舰远航一万两千海里归来(隅田川摄影)

图2-18 1936年秋天,东京湾海军陆战队进行战争训练(隅田川摄影)

日本记者镜头中的侵华战争

图2-19 准备出征中国参战的女卫生兵参拜靖国神社（川崎摄影）

图2-20 这张日本海军部制作的海报，渲染珍珠港的胜利

图2-21 石川一郎创作的《风俗》

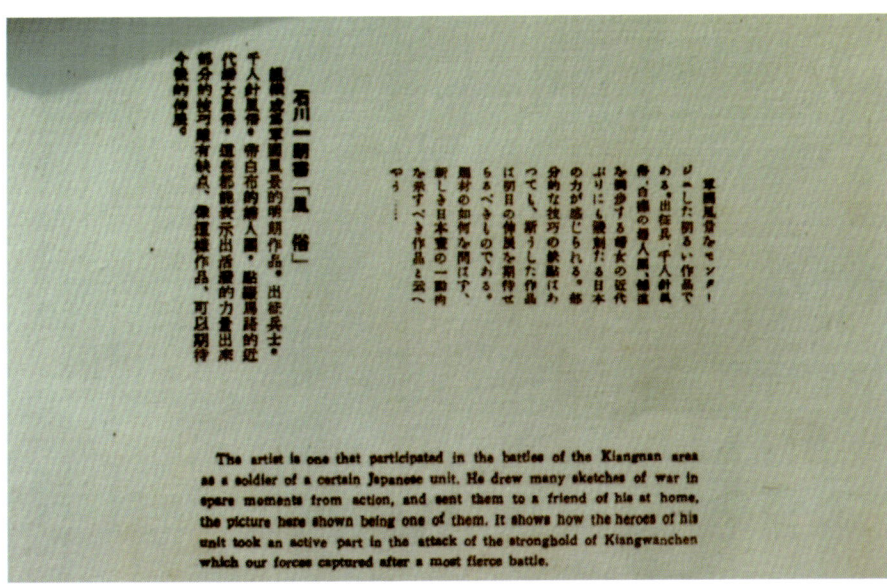

■ 图2-22　战争宣传画《风俗》的文字说明

其中说："创作出反映军国风景的明朗作品。让出征中国战场的士兵，也能感受到日本女性对战争的支持……"

■ 图2-23　樱井真太郎创作的《征春》

日本记者镜头中的侵华战争

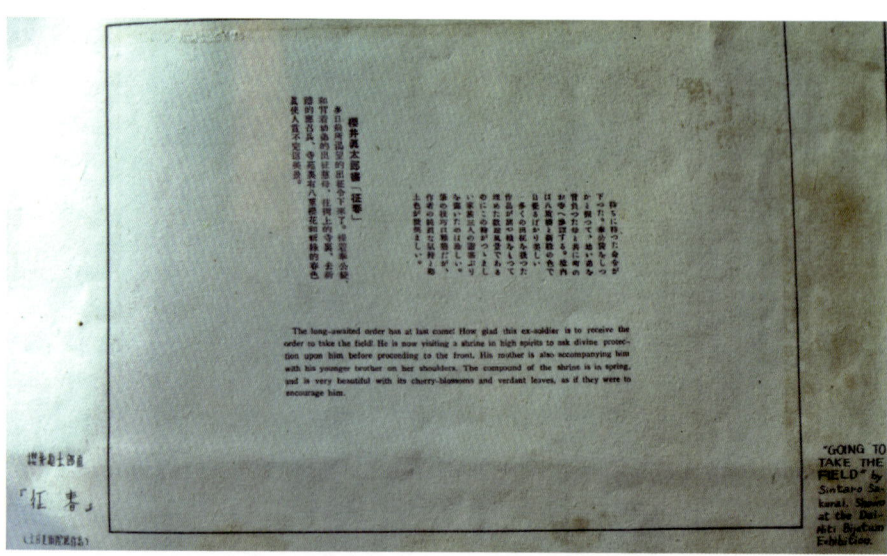

■ 图2-24 《征春》的文字说明

其中说：“战争后面——怀起万里的征夫，把小宝宝搁在枕边上，展开信纸的二八佳春的母亲。虽然在这很小的家庭里，也能支持前线的战争。真可谓有价值了。”但是，这位"二八佳春"的母亲怎么也没想到，她的丈夫是在中国战场杀人放火，无恶不作。

■ 图2-25 村上芳树创作的《铳后》

第二节　战术、技能都优于关东军的兵种
——水上特别攻击队

2004年8月，日本友人桥本先生向我提供1930年日本军事决策高层在中国澎湖设立"海军水上特别攻击队"的相关资料。

水上特别攻击队训练学校隶属日本海军省，分为两地，一地是冲绳，一地是澎湖。攻击队之所以"特别"，一是因为其兵员结构比较特殊，按军队构建规定，满十八岁的青年才能入伍当兵，但特别攻击队不招收十八岁以上的青年，专门招收十二三岁的少年男女。二是因为入伍的少年必须是孤儿。

毫无社会亲缘牵挂，有利于少年士兵的学习和训练。学员学成之后，能毫无顾忌地执行总部的各种命令，以武力、智力与敌搏杀。

训练学校得到日本厚生省的全力支持，他们派人到孤儿院和教会学校到处寻找合适人选。

训练学校学制为五年，十二三岁的少年经学习、训练后，毕业时已经是青年了。水上特别攻击队的战地不是海上，而是海岸。日军把这些经过严格训练的知识型士兵派遣到中国、东南亚等地执行特别的情报任务，为日本的大东亚"圣战"服务。

训练学校特别重视语言训练。少年士兵从入校开始，必须学习中国的地方方言，譬如北京话、广东话、闽南语。

语言教官要制定从一年级到五年级循序渐进的语言学习大纲，便于学员全面学习中国地方方言。

训练学校的训练科目既严格又残酷，被选择进来的学生，如果不遵守或者不能适应学校所规定的纪律要求，不能退学或者转到其他部队继续学习，而必须就地"消失"。使其消失的办法之一是让学生把不能适应学校规定的学生当成活靶，进行瞄准射击，直到打成蜂窝为止。这是心理训练的特殊科目之一。其二是进行"活尸解剖"，目的是训练学生的胆量。解剖时把"活尸"的心、肝、肺、肾、肠等全部挖、摊、展示出来，然后再由军医在手术台上讲授人体各部位受刀枪伤害以后的自救要领。

女性学员往往会被这些科目吓到，当她们看到那些被活活解剖的"活尸"

的心肌还会跳动，肌肉还在痉挛，往往当场昏死过去。

这种法西斯训练，给学生幼小的心灵造成强大的压力，但他们别无选择，只能遵守学校的规定，努力、刻苦学习、训练，学成之后效忠天皇。

经过这种变异的、非人性的魔鬼训练方式，日本帝国主义者得到他们想要的战争机器。

特别攻击队学生杉田繁春、伊藤直圆和织田博文，是同龄的同班同学。杉田繁春来自东京的孤儿院，伊藤直圆来自新潟，织田博文来自京都的教会学校。

受日本军国主义思想的影响，杉田繁春等人从孤苦伶仃的孩子长成冷血的刽子手。1935年，他们三人被派遣到中国上海、广东虎门、福建厦门等地，收集军事、政治、经济、民生等重大情报。1937年8月，他们三人在拍摄胡里山炮台、白石炮台、磐石炮台、屿仔尾炮台军事设施的照片时被发现，被一一击毙。

8月29日，海军陆战队向厦门海军司令黄涛报告，在胡里山炮台发现三个身份不明的人潜入炮台后山，被炮台士兵发现，追击时，士兵被一飞镖所伤。

黄涛随即赶到胡里山炮台，探望被击伤的士兵，并且详细查验袭击者留下来的飞镖。他惊异地发现，这把飞镖和漳州机场杀害特务营士兵的飞镖完全一样，镖刃上都有"H"字样。

黄涛断定，这是日本海军部的间谍所为。他们的目的是要炸毁胡里山炮台的克虏伯大炮。他命令："调特务二营一个战斗小分队进驻胡里山炮台，守株待兔，发现以后，务必活擒为第一要务！"

8月31日夜，下着小雨，胡里山炮台海边崖岸的风猛、浪大。

已经是下半夜两点钟了，黄涛还用电话询问胡里山炮台守株待兔的情况，但回答是："没有任何动静！"

两点四十分，黄涛办公室的电话急骤地响了起来。他接到报告，目标出现！

黄涛命令："务必活捉！"

黄涛的判断是正确的。杉田繁春和他的同伙前来执行炸毁胡里山炮台克虏伯大炮的任务。两天前，他们从炮台北侧越墙而入，刚接近后山大弹药库，就被发现。今晚，他们改变行动路线，从东侧的崖岸潜入。

他们的任务有两个：一是用TNT炸药炸掉整炮；二是第一方案无法实施时，用集束手雷炸毁大炮炮管。

海浪掩盖住了他们的脚步声。

接近东侧克虏伯大炮的时候，伊藤直圆发现哨兵。

雨势逐渐加大。

织田博文靠近哨兵，一刀插入其前胸，发现哨兵是假的。

杉田繁春意识到对方有准备，他示意马上撤退。

这时，大炮周围枪声突然响起。子弹嗖嗖嗖地从他们头上飞过……

杉田繁春三人撤到海边。他们扔掉身上的 TNT 炸药和部分手雷，一路向东边方向逃遁。

天亮的时候，雨停了。杉田繁春三人已经撤到厦门五通海边的一片礁石旁。他们的快艇就藏在附近的海边。正想吃点东西填饱肚子，突然一声枪响，织田博文的右肩胛挨了一枪，血流如注……

杉田繁春心里明白处境的危险，他知道黄涛的追兵也是训练有素的敢死队。处在疲惫与饥饿交加时刻，又无法知道敌人在哪里，这让杉田繁春惊惶不安。

他们并不马上为织田博文包扎伤口，而是静默地伏在礁石旁冷静地观察动向。

除了风声、海浪声，这里似乎不曾发生过什么。

杉田繁春决定尽快离开这里。

伊藤直圆为织田博文包扎完伤口，正想背织田博文的时候，又是一声枪响，伊藤直圆左胸挨了一枪，须臾之间就魂断五通。

杉田繁春躲到礁石的后边，他看见，四周都是荷枪实弹的士兵，已经没有生路了，杉田繁春把衣领的尖角拉到嘴里，狠狠一咬。他选择死！

从杉田繁春等三人的遗物中找到他们在厦门搜集到的军事情报，黄涛和他的作战部研判：战争就在即日！

水上特别攻击队的战术和技能都优于关东军，本节收录的照片是《大阪日日新闻》《东京日日新闻》记者大塚在澎湖海军水上特别攻击队训练学校拍摄的照片资料，发表在东京《"支那"事变画报》第三辑上。

图2-26 水上特别攻击队在澎湖的训练基地,学员们正在进行升旗仪式(大塚摄影)

图2-27 日本海军部创立的水上特别攻击队,队员都来自孤儿院或教会学校,这些孩子年纪在12~13岁。该队学制五年,五年以后,这些孩子成为日本法西斯的冷血杀手(大塚摄影)

第二章 侵华战争前日本的军事武备与舆论先行

029

图2-28 水上特别攻击队的人梯障碍训练（大塚摄影）

图2-29 水上特别攻击队的队员在进行魔鬼训练（大塚摄影）

图2-30 水上特别攻击队队员在进行心理训练

图2-31 水上特别攻击队进行枪刺训练（大塚摄影）

第三节　日本从军记者佐证侵华铁案

本节照片资料是七十九年前日本从军记者石川达三、滨野在中国战场上拍摄的，分别发表在东京《"支那"事变画报》第三、二十六、四十二辑上。

2004年7月15日，日本友人桥本先生的学生伊藤给我送来一千多张"'支那'事变"的历史旧照片。这些照片资料历经了八十年的历史风雨，是极其珍贵的战争历史文化遗产。

桥本说，这一千多张历史照片，只是侵华战争的小小缩影，足以证明法西斯对华战争的狡诈与凶残。

众多侵华战争旧照片，都有"某某拍摄"字样的署名。这些"某某"是当年日本侵华战争时期的从军记者，大都是军国主义的狂热追随者和参与者，他们在政治上效忠军国主义，刻意规避日本人民对侵华战争的思考；在业务技术上，他们受过专业训练，他们在中国战场上拍摄的照片大都画面清晰、构图讲究、主题鲜明，所炮制的作品都为侵华战争推波助澜。他们煽动日本国民的战争狂热，把对华侵略战争宣传为"中日亲善"，对侵华日军的暴行进行美化和诗化，极力赞美大日本皇军的可爱和勇敢，丑化中国人的愚昧和懦弱、不堪一击……

他们把镜头对准日本军人，把他们宣传成忍受各种艰难困苦的"勇士"，揭示他们在生死刹那间相互援助、友爱的"高尚人性"，或者透过大场面的"凄壮"的战争攻坚场景，细腻刻画帝国军人的形象，让日本人民阅读以后产生错觉：只有通过大东亚"圣战"，才能有效地消灭邪恶，帮助中国人过上幸福生活；战争已经发生，日本民族就是一个命运共同体，只有发扬生死与共的高尚精神，为天皇而战，才能死而无憾！

从军记者群实际上是"笔杆子加镜头语言"部队，他们竭尽全力为日本的侵华战争涂脂抹粉，是一把残杀中国人民的"软刀子"。

从桥本提供的历史资料可以知道，在日本，从军记者有相当悠久的历史。

日本记者镜头中的侵华战争

1874年,日本出兵侵占台湾时,《东京日日新闻》派出记者岸田吟香,他是日本第一个从军记者;1894年,中日甲午之战,国木田独步、德富苏峰、正冈子规等人也以记者身份到海战现场,报道日本联合舰队与北洋海军的战况;1900年,日本参加"八国联军"镇压义和团运动时,从军记者柴田常吉等人拍摄了日本历史上第一部新闻电影;1906年,日俄对马海战,有116家日本报社、通讯社派遣记者深入战争前线,报道最新的战况,将第一手战争信息传入日本国内。

1937年,日本战争决策高层意识到"兵不血刃,远迩来服"才能取得最好的效果,一文一武,一张一弛,是决定战争胜局的最佳选择。从此,从军记者就成为侵华战争必不可少的战斗力量。

"七七事变"以后,在日本最高军事决策层的组织下,日本各报刊和新闻社派遣大批从军记者随军进入中国战场。这些从军记者除了担负一般的战地报道任务之外,还要报道被占领下的中国领土"复兴与建设"的情况,或引导中国民众,或不断启蒙第三国,使全世界都理解日本帝国"推进亲善、建设大东亚共荣圈"的真实意图。他们认为这是战争过程的"当务之急"!

但和平、亲善题材不是从军记者热衷展现的,他们最向往的是精彩而又刺激的画面,即"沾满鲜血的战地记事"。譬如说,在战场上拍摄到士兵在进行"肉弹突击战"、"与敌人拼刺刀"等,展示日本军人的英雄形象,那才能写出最撼人心魄的"特讯"。

当时光学照相技术落后,长焦镜头还未研发出来,从军记者要冒死在枪林弹雨中抢镜头。为了近距离拍摄日本军人参战的镜头,从军记者和士兵一起在前线辗转,捕捉最能打动人心的画面。"抢镜头"成功,所写文章就会被捧为"特讯",会一举成名。

桥本先生提供了一份战死在南京的从军记者的资料,此人叫比山国雄,是《福冈日日新闻》社的从军记者。他为日本军国主义歌功颂德,同时又是一位极具悲剧性的人物。比山国雄渴望在战场上拍摄大日本皇军勇敢无畏的镜头,以便获奖、晋升。在攻打南京光华门的战斗中,他和第一波日军士兵一起冲到城墙下,所有日军士兵全被中国守军歼灭,只有他活着。他蹲在战壕里等待第二波冲上来的日军救援。在两军激烈的对抗中,他终于等来第二波日军,便兴高采烈地站起来挥手,然后迅速打开快门,把镜头对准一个"虎虎生威"的士兵。士兵却误将他手中的照相机当成手榴弹,便迅速把刺刀扎进比山国雄的左胸!

第二章 侵华战争前日本的军事武备与舆论先行

士兵看清比山国雄佩戴的从军记者臂章后，才知道误杀了自己人。陆军报道部将误杀事件说成比山国雄"遭到中国军队的袭击而战死"，所有报纸也如此报道，死者的家属真以为是战死的。

徐州会战、武汉会战、安庆攻克战、广州会战和海南岛攻克战等侵华战役中都有比山国雄们的身影，他们把中国战场的战争场面和战争细节拍摄得氛围惨烈、悲壮，然后发回日本国内。

1938年6月6日，日本东京《朝日新闻》社从军记者高田为了拍摄开封附近"归德古城"俯瞰全景，特地找到日本航空队，祈请随战机升空。得到许可之后，他带着照相机坐上"九七式"双座单引擎飞机升空拍摄。

《朝日新闻》的另一位从军记者片山，拍摄了"开封古城"攻略战的画面，让人阅览以后心灵破碎——承袭几千年文化的开封府，被日军强大的炮火摧毁、攻破。那些用木制悬梯登城的日本兵，手持明晃晃的刺刀，踩着一节节悬梯，冲上古城与守军厮杀。日本兵每踩一级木悬梯，都踩在中国人的心坎上！他们攻城，不仅残杀中国人，也毁灭古城。

片山认为这并不是罪恶，而是荣耀。人太"伟大"了，他要"讴歌"的就是日本皇军战无不胜的铁蹄创造出的"辉煌"！

台儿庄战役，是中国军队与日本军队浴血鏖战而震惊中外的战例，那是钢铁与肉体厮杀、刺刀与胆略较量的见证地。

众多历史旧照片中还可见到中国人民抗日的宣传标语。

从军记者森田、冈本随军攻入徐州境内，他们拍摄的"打倒日本帝国主义""好男儿当兵去""杀绝汉奸"……透过这些标语口号，八十年以后的中国人，听见了什么？感受到了什么？

我们听到四万万同胞的怒吼！我们看到不愿意做奴隶的中国人把血和肉筑成了一座抗击日本法西斯的长城！我们强烈感受到人民的心声、人民的意志，我们看到中华民族的胎记！

并非所有日本从军记者都支持战争，石川达三就是反战的"另类"。

中日战争爆发以后，石川达三就随日本第十六军团参加攻打南京城。日军攻陷南京城以后，就进行震惊中外的南京大屠杀。石川达三拍摄的"日本军人活埋中国战俘"的照片，为历史留下日本法西斯虐待战俘的灭绝人性的记忆！

杀人成性的日本兵手插在口袋里，悠闲地站在活埋坑边上，血红、凌厉的双眸凝视着被推下土坑的中国士兵。

年轻的中国士兵被反绑双手，在埋坑旁边怒视刽子手反绑战友……

日本记者镜头中的侵华战争

杀人不眨眼的日本军人以杀人为乐,他们似乎不是在看行刑,而是在观赏动物园里的狗熊。

桥本把这幅照片交给我看的时候,他久久不说一句话,用一双浑浊而又充满苦痛沉重的眼睛与我对视……

石川达三因为报道日军杀戮非战斗人员,被以"捏造事实""扰乱治安""违反报纸法"的罪名起诉,最终被法院判监禁四个月,缓期三年执行。

在凶残杀戮中,日本战争机器似乎也感受到中国血肉长城的力量。为软化抗日者的意志,欺骗国际舆论,从军记者森田炮制出一幅幅中日亲善的假象。

森田把镜头定格在开封古城一个农村场景里,一个日本士兵和一匹刚出生的毛茸茸的小骡马在一起。森田试图展现阳刚军人温柔的人性。他想用日本军人精心呵护刚出生小骡马的特写镜头来表现日本军人热爱一切生命的仁慈!

石川达三与森田,一个专门用写实的手法表现刽子手血腥淋漓残暴的心灵;一个则是通过"隐身"的巧妙手段,把刽子手描绘成"人间天使"。

他们两人的命运截然不同!

为了证明侵华战争的合理性、正当性,森田还特地安排拍摄中国良民"拥护皇军",为征尘仆仆的日本军队送鸡蛋、送茶水慰劳的场景。这样的报道,当然也从另一侧面解剖从军记者"自作多情",编造虚假新闻欺骗日本人民的心理。

在北京的从军记者冈梦比森田聪明许多,他在北京组织了上万名中、日小朋友,举着太阳小旗,成群结队上街庆祝大日本海军纪念日。

冈梦在《朝日新闻》画页上用醒目的文字写上标题"白地红日,日支可爱",他要让全世界知道,帝国发起大东亚"圣战",是"照亮""温暖"中国人寒冬苦难的灿烂红日!可他没想到的是,他主观意识中的那颗"灿烂红日",已经是历史无情照妖镜——把日本法西斯在中国的罪行暴露在光天化日之下!

桥本先生特地推荐跟随日本南支舰队的从军记者蝶野在《厦门岛奇袭攻略》报道中拍摄的"优秀"战地历史照片。

蝶野是日本南支舰队的随军记者,他跟随福岛海军陆战队和丸山野战炮队攻进厦门,他拍摄的"丸山炮队"驻扎在厦门岛的高崎,在为进攻厦门市区备战。丸山炮兵部队用"人海战术"把榴弹炮推向制高点。蝶野捕捉到炮兵在夕照下拖着榴弹炮"逶迤前进"的镜头剪影。

拍摄丸山炮兵部队炮击厦门岛的场景时,蝶野采用近距离的直面拍摄。蝶野的镜头在瞬间捕捉到法西斯凶残的面目。

第二章 侵华战争前日本的军事武备与舆论先行

福岛海军陆战队在厦门五通、霞边等地遭到守军顽强的抵抗和反击，蝶野拍摄到海军陆战队队员擎着太阳旗，端着"三八大盖"停在海边的坡地里，惊恐万状的双眸注视着前方。让人马上感觉到，在前方不远的地方，"所向披靡"的日本军队遭到厦门守军的顽强抵抗，伤亡不小。

蝶野为照片配上的标题却是"英勇的皇军等待攻击"。

战斗接近尾声，蝶野跟随福岛部队在厦门泥金社（村）挨家挨户搜查"排日顽敌"，他近距离拍摄到海军陆战员端着上了刺刀的三八枪，在民宅中搜查的镜头，气氛紧张得令人窒息，士兵如临大敌，如惊弓之鸟。蝶野的标题是"日军陆战队的勇士在泥金乡清剿残敌"。

和所有"效忠天皇"的从军记者一样，蝶野极力为军国主义歌功颂德。在他们心中，正义与非正义、是与非、美与丑、善与恶、真与假统统都不重要，重要的是忠于天皇。这样的从军记者是军国主义战争机器的理念符号！

桥本说，因为这些极具现场感和血腥味的前线写真，蝶野得到日本海军省报道部的嘉奖，但如今这些写真却成为法西斯军国主义的罪证！

桥本问我寻找被击沉的驱逐舰的目的是什么。我言简意赅地回答，像美国人那样，把被日本炸沉的"亚利桑那号"打捞起来，作为侵略战争的见证。同样道理，我们要找到被厦门胡里山炮台击沉的"箬竹号"驱逐舰，将其从大洋深处打捞出来，让它出庭，为人类和平作证！人类需要和平，人类反对战争！

桥本听了，非常激动，他紧紧握住我的双手，久久说不出话来。

桥本是日本长崎人。六岁那年，美国原子弹袭击长崎时，他和叔叔正在中国上海。回长崎以后，长崎已经变为废墟，父母及其他亲人全部丧生。战争的罪恶在他幼小心灵里留下长痛和不可抹去的烙印，这也激起他坚决反战的意识。六岁那年的中国之行，让他侥幸躲过灾难，因此他对中国的感恩意识特别浓厚。上初中时，他就开始学习中国文化并且跟叔叔学习汉语；刚上大学就参加世界反战联盟，一直锲而不舍地为人类和平事业做贡献。

他从雅虎网站上阅读我的文章以后，就对厦门的反战和平人士留下深刻印象。没想到由于"史料的牵线"，竟然能在其所效力的战略厅研究所战史库里意外地和我邂逅。桥本说，按照中国人的说法，这是一种缘分；按日本文化，也是缘分。我对桥本说，这种缘分是人类文明的象征！

图2-32　1938年8月10日，日本从军记者采访海军陆战队指挥官（石川达三摄影）

图2-33　日本从军记者一行六人随军在厦门采访（滨野摄影）

第二章 侵华战争前日本的军事武备与舆论先行

图2-34 日本从军记者在战争的前线拍摄战争片断（滨野摄影）

图2-35 1937年11月初，日本从军记者与国际记者协会在上海闸北战线视察（滨野摄影）

■ 图2-36　1938年9月，日本军方在东京火车站为参加陆军"文坛班"的久米正雄、丹羽文雄等从军记者到中国战场参与战争送行（石川达三摄影）

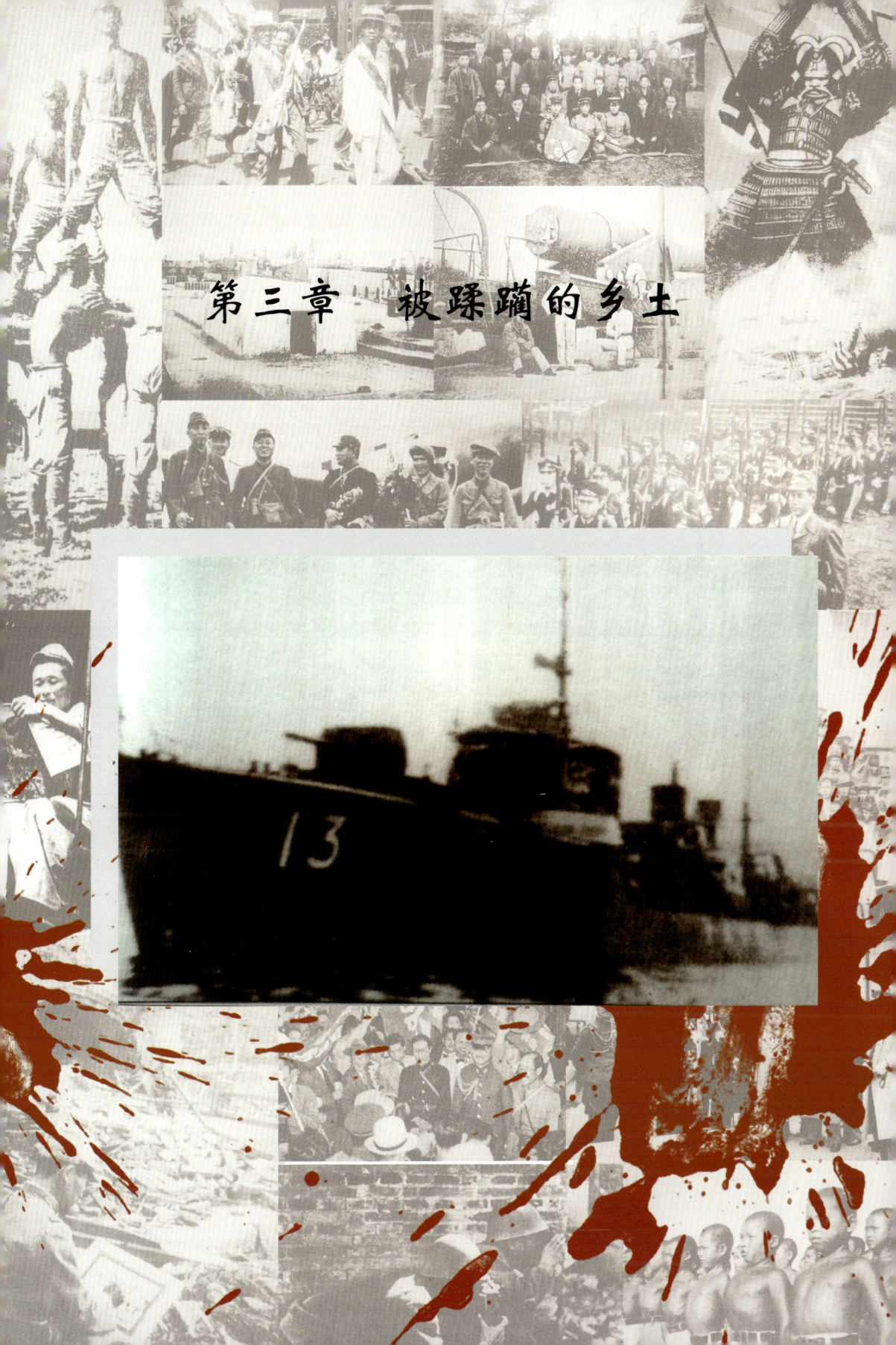

第三章　被蹂躏的乡土

第一节　厦门守军击沉日本驱逐舰

本节照片资料是八十年前日本从军记者河村提供的。笔者还收集了台湾《国华报》、香港《工商时报》、香港《南华早报》、香港《中国邮报》等七种中文日报、五种英文日报关于1937年9月4日厦门胡里山炮台击沉日本驱逐舰"箬竹号"的报道。

日本最高决策层的侵华秘密文件提到，厦门守军击沉日本驱逐舰"箬竹号"，其大意是："……帝国（日本）要征服全世界，必须先进攻中国，如果要进攻华南，必须先占领福建，要占领福建，首先必须占领厦门，因为厦门密迩台湾，是重要战略基地。如果帝国（日本）单独占有台湾一侧，犹如一位独臂将军而无法左右开弓。倘若占领了厦门，东西两侧合力，则如虎添翼！帝国将来进军华南乃至征战东南亚各国，势必势如破竹！"

厦门如此重要的战略要地，当然是日本战争机器的首选进攻对象。1937年9月3日晨，日本航空队与海军南支舰队开始进攻厦门。

日本空军先袭击、轰炸厦门要港司令部、驻厦门各大机关、无线电台、机场、医院、海防炮台以及军事弹药仓库；日本南支舰队四艘驱逐舰分别向厦门白石、胡里山、磐石、屿仔尾炮台发动攻击。

在厦门守军司令黄涛指挥下，胡里山炮台发挥指挥台的作用，冷静指挥三炮台协同作战。胡里山炮台在经受敌机的三波倾空扫射、牺牲五位炮兵的劣况下，依然遵守黄涛司令的"诱敌靠前，不轻易开炮而一经开炮，需一炮击中"的作战指示。当敌"箬竹号"舰气势汹汹而来，距离炮台约九千米，炮长命令开炮，一炮将"箬竹号"舰拦腰击中……"箬竹号"舰被重创后，意欲驶向龙海深湾冲滩失败而沉入海底！

这是中国人民反法西斯战争在战争初期的重要节点上第一次在中国海域击沉日本海军军舰！厦门胡里山炮台及其克虏伯大炮功不可没！

1937年12月6日，金门失守，厦门失屏障之蔽，防务越发吃紧，敌舰开始肆虐，频向五通、何厝、澳头等处攻击，经我香山、霞边两台发炮轰击，弹落在敌舰旁，水柱飞天，溅没全舰，敌大惧遁去。嗣又连日企图侵入港口，又复屡被我胡里山、磐石两炮台击退。

■ 图3-1 黄涛将军

黄涛，广东梅县人，1937年8月被中国最高决策层任命为厦门守军司令。黄涛是留德军人，毕业于德国陆军学院，曾任德国陆军营长，在德期间还刻意前往德国鲁尔区埃森克房伯兵工厂学习掌握大炮的使用功能及其维修技艺，尔后又去捷克学习新式兵器三年，深谙炮战理论和"攻守炮法"，是中国军人的精英。1937年9月3日，黄涛将军指挥厦门胡里山炮台官兵击沉入侵厦门海域的南支舰队群的"箬竹号"驱逐舰。这是中国人民抗日战争史上第一次击沉日本驱逐舰。

■ 图3-2 厦门海军司令林国赓

林国赓，字向今，福建闽侯人，1905年公派英国格林威治海军学院学习现代海军课程。1924年任漳州厦门海军警备司令部参谋长，1927年起任厦门海军司令。

■ 图3-3　1937年9月3日晨，黄涛的机炮连在黄厝石渭头遭遇日本航空队的袭击，机炮连机枪手仰天用机枪回击（杜凡摄影）

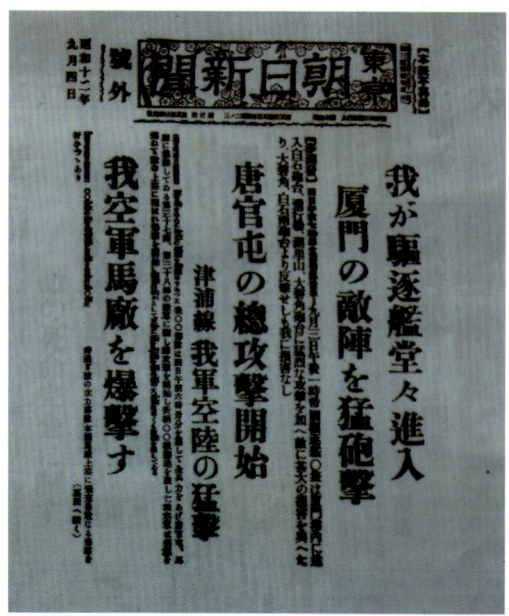

■ 图3-4　1937年9月4日，日本东京《朝日新闻》号外报道昭和十二年九月三日日本舰队炮轰厦门机场、白石炮台、磐石炮台和胡里山炮台

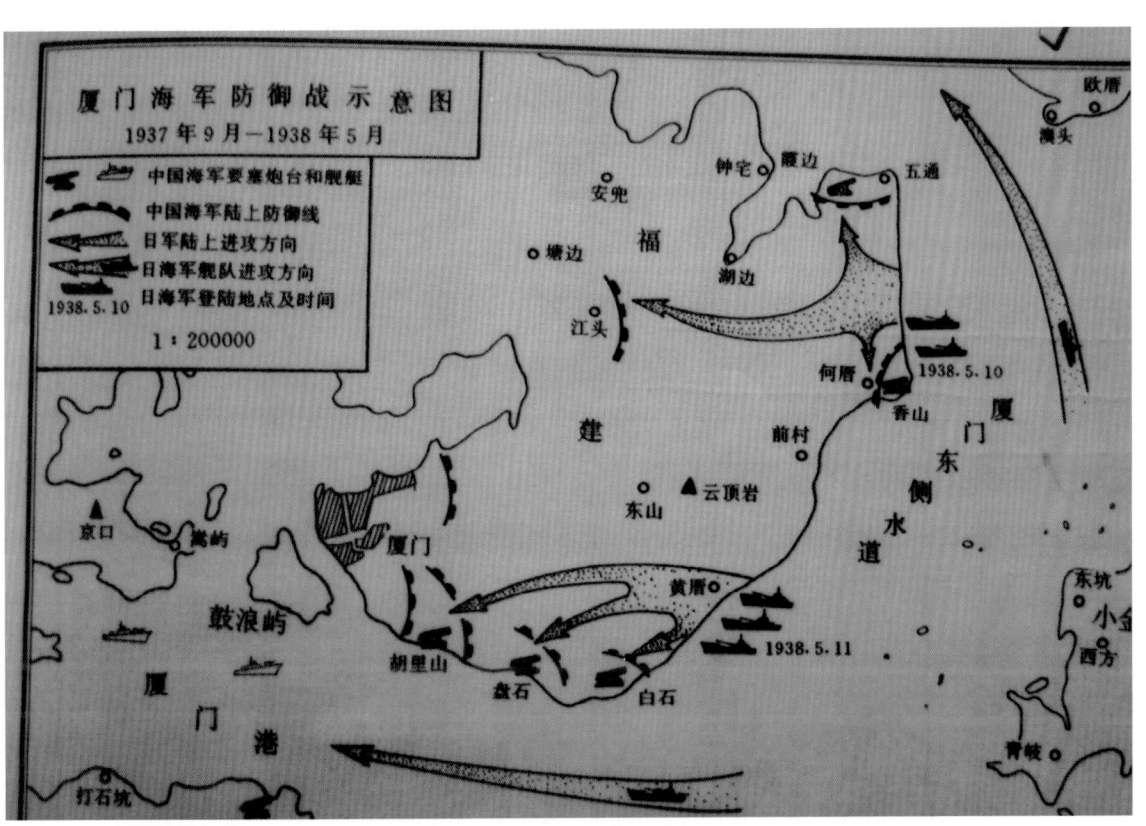

■ 图3-5 1937年9月—1938年5月,日军南支舰队驱逐舰进攻厦门的示意图

■ 图3-6　1937年9月3日晨，日本南支舰队三艘驱逐舰和一艘补给舰，从小金门海域入侵厦门，并向白石炮台、胡里山炮台、磐石炮台开炮（河村摄影）

■ 图3-7　1937年9月3日，被厦门胡里山炮台击沉的日本"箬竹号"驱逐舰（河村摄影）

第三章 被蹂躏的乡土

图3-8　1937年9月5日《南华日报》报道日驱逐舰被厦门胡里山炮台大炮击沉

图3-9　1937年9月7日《中国邮报》报道在胡里山炮台击沉日军驱逐舰

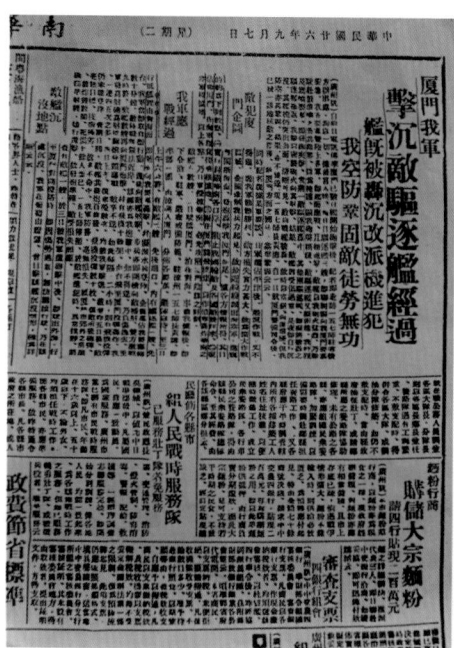

图3-10　1937年9月7日《南华日报》详细报道作战经过和日舰沉没地点

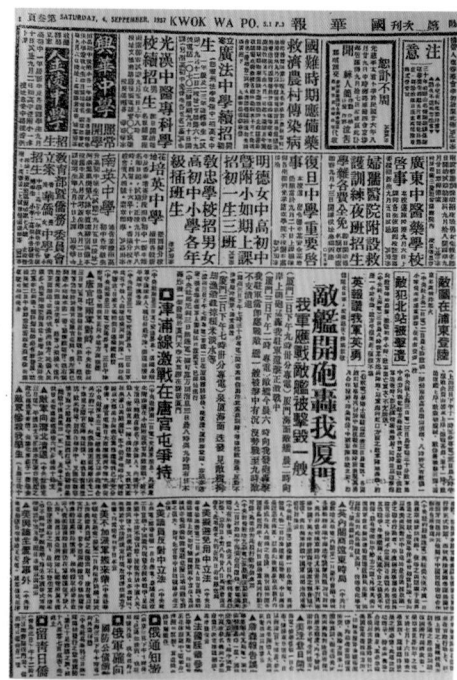

图3-11　1937年9月4日，台湾《国华报》报道日本驱逐舰被厦门守军炮兵击毁

第三章 被蹂躏的乡土

图3-12 《中国邮报》上报道日本驱逐舰被厦门炮台击沉

图3-13 1937年9月6日《香港工商日报》报道日本驱逐舰在厦门海域被击沉

■ 图3-14 1937年9月3日，胡里山炮台克虏伯大炮的"测量杆"被日军飞机扫射"穿孔"

■ 图3-15 1937年9月3日，日本飞机机枪弹头打在大炮炮管上

■ 图3-16 日本飞机机枪打断大炮测量仪杆

厦门要港司令部

姓名	职务	时间	备注
何廷杰	二等兵	1938年5月13日	失踪
周尚兴	一等炊事兵	1938年5月13日	失踪
谢金本	一等炊事兵	1938年5月13日	失踪

图3-17　厦门要港司令部1938年5月13日失踪人员名录

屿仔尾炮台

姓名	职务	时间	备注
詹益茂	中士炮长	1938年5月13日	阵亡
陈石山	二等兵	1938年5月13日	阵亡

图3-18　屿仔尾炮台1938年5月13日阵亡名录

厦门胡里山炮台

姓名	职务	时间	备注	姓名	职务	时间	备注
朱锡卿	上士炮长	1937年9月3日	阵亡	曹凤祺	一等炮兵	1938年5月13日	阵亡
林海旺	二等兵	1937年9月3日	阵亡	游华友	二等炮兵	1938年5月13日	阵亡
李玉生	上等兵	1937年9月3日	阵亡	彭启明	二等炮兵	1938年5月13日	阵亡
林保铏	一等兵	1937年9月3日	阵亡	张马塞	二等炮兵	1938年5月13日	阵亡
余得官	二等兵	1937年9月3日	阵亡	林玉春	二等炮兵	1938年5月13日	阵亡
江有胜	中士炮长	1938年5月13日	阵亡	轩云山	二等炮兵	1938年5月13日	阵亡
喻梓桂	下士副炮长	1938年5月13日	阵亡	周坤	上等炮兵	1938年5月13日	失踪
黄云海	下士副炮长	1938年5月13日	阵亡	张仲贵	一等炮兵	1938年5月13日	失踪
张梅生	上等炮兵	1938年5月13日	阵亡	沈祖祁	上等炮兵	1938年5月13日	失踪
陈金贵	一等炮兵	1938年5月13日	阵亡	李新	一等炊事兵	1938年5月13日	失踪
张之龙	总台长	1938年5月10日	失踪	刘永南	二等炊事兵	1938年5月13日	失踪

图3-19　厦门胡里山炮台1937年9月、1938年5月阵亡、失踪名录

第二节　日军进攻厦门

　　本节照片资料是七十九年前日本从军记者蝶野、新海、小久保、渥美在厦门战场上拍摄的，发表在东洋文化协会《画报跃进之日本》第十四辑、东京国际情报社《世界画报》日支大事变专辑、《"支那"事变画报》第十辑、东京《朝日新闻》昭和十三年（1938年）五月上。

　　1938年5月10日，进攻厦门日军共有六支作战部队，即日本陆军航空队华南支队、海军南支舰队第一舰队、福岛海军陆战队、志贺海军陆战队、山昭部队、丸山部队及其火炮部队。

　　《中华民国海军史》是这样描述1938年5月日军占领厦门的：
　　二十七年（1938年）二月，海军总司令部调任厦门要港司令林国赓为该部军需处处长，之前在江阴抗战受伤医愈之"平海"舰长高宪申充其缺。其时敌在华中战事不得手，图侵扰华南而牵制我军之行动。敌机、敌舰对厦口骚扰因之益频。是年五月十日，敌以海空全力掩护陆军大举进犯。我香山、霞边两台与之血战，敌以飞机掩护敌舰炮击，火力极烈，香山炮位全被毁；霞边牺牲尤巨，全台员兵只剩一人。五通、何厝、江头相续失守，香山随陷。是晚，我陆军增援部队到达，向敌反攻，但无进展。翌晨，敌机不断炸我要塞驻地，同时敌兵另由黄厝、塔头登陆，先后围攻白石、胡里山、磐石各台，各台虽已被围，尤不断炮击敌舰，使其不得靠近，终因弹尽始相继失陷。总台长张云龙失踪，参谋龚庆龄为敌所俘。是午，敌兵进入市区，四处放火。司令高宪申奉闽省绥靖主任陈仪令，退漳州候令。其时，厦门对岸之屿仔尾炮台，仍在我海军孤守中。敌以海空力量集中猛击。海军派磐石台长邓宝初率各台残余官兵，冒敌炮火渡海往屿仔尾，加入该台协同作战。敌进攻愈烈，我苦守愈坚，支持至十三日下午，以火药库及炮位均被炸无遗，始无法再战。是役，各台计阵亡中士炮目江有胜、戴文敬、詹益茂，下士喻梓桂、黄云海，炮兵张梅生、陈金贵、雷凤祺、游神友、彭齐鸣、张马鋈、林玉春、轩云山、龙水钩、高齐云、陈石山等，其余轻、重伤者十人。遂将海军厦门港司令部、海军航空处、海军厦门造船所、海军厦门医院、海军厦门要药弹库、海军厦门煤栈、海军厦门无线电台等单位予以裁撤。

■ 图3-20　1938年5月9日晨，日本丸山炮兵拉炮上制高点

日本丸山炮兵在厦门高崎推大炮上制高点，日本从军记者用"剪影"般的构图语言来展示日本军人的协作精神。美化侵略战争完全是徒劳的，这些历史照片是法西斯侵华战争的史证。

■ 图3-21　1938年5月10日，日本丸山炮兵部队炮击厦门守军阵地（蝶野摄影）

日本记者镜头中的侵华战争

■ 图3-22　1938年5月10日，日本海军陆战队进攻厦门前的炮击（蝶野摄影）

■ 图3-23　1938年5月10日，日本丸山炮兵正在炮击厦门守军，从海域外围发起攻击（蝶野摄影）

第三章 被蹂躏的乡土

图3-24 日本从军记者拍摄的丸山炮兵进攻厦门岛,这是日本东京《世界画报》出版的"日支大事变号"第十一辑的画报封面

图3-25 日本南支舰队海军作战日志

图3-26 1938年5月10日晨,日本航空队在厦门市区海岸进行空中侦察(河村摄影)

■ 图3-27　1938年5月10日晨，日本航空队轰炸厦门五通、霞边、泥金、香山守军阵地（河村摄影）

■ 图3-28　1938年5月10日晨，日本航空队轰炸厦门军事设施（河村摄影）

■ 图3-29　1938年5月10日晨，日本海军陆战队志贺部队指挥官在五通海岸战地听取战地报告（蝶野摄影）

■ 图3-30　1938年5月10日晨，攻击厦门五通的福岛部队受阻，士兵们正等待第二波攻击（蝶野摄影）

■ 图3-31 1938年5月10日,进攻五通的海军陆战队山昭部队的士兵负伤正进行包扎(蝶野摄影)

■ 图3-32 用花岗岩砌成的抗日炮楼

■ 图3-33 1938年5月10日,日军占领厦门五通海岸阵地之后,指挥官正在抗日炮楼外指挥部队进攻厦门市区(小久保摄影)

■ 图3-29　1938年5月10日晨，日本海军陆战队志贺部队指挥官在五通海岸战地听取战地报告（蝶野摄影）

■ 图3-30　1938年5月10日晨，攻击厦门五通的福岛部队受阻，士兵们正等待第二波攻击（蝶野摄影）

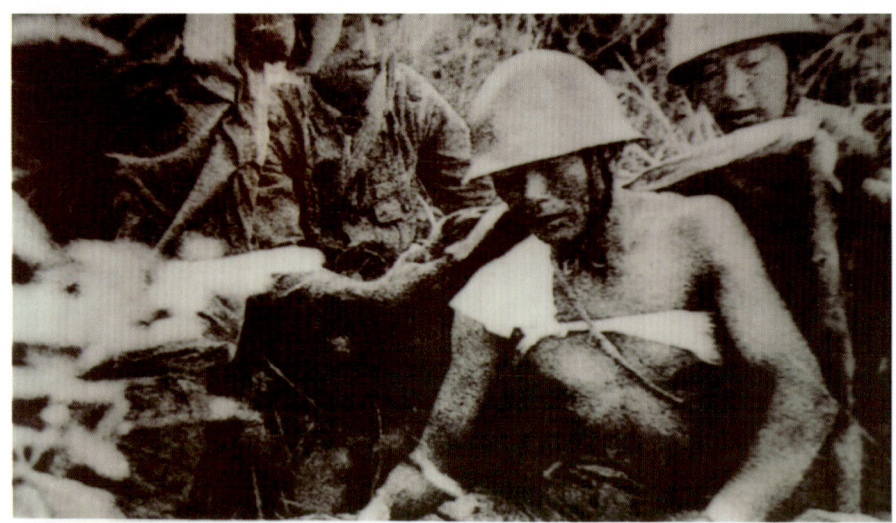

■ 图3-31 1938年5月10日,进攻五通的海军陆战队山昭部队的士兵负伤正进行包扎（蝶野摄影）

■ 图3-32 用花岗岩砌成的抗日炮楼

■ 图3-33 1938年5月10日,日军占领厦门五通海岸阵地之后,指挥官正在抗日炮楼外指挥部队进攻厦门市区（小久保摄影）

图3-34 1938年5月10日,日本海军福岛部队占领厦门五通邻乡泥金乡(蝶野摄影)

图3-35 1938年5月11日,日本海军陆战队志贺部队指挥官在五通阵地上审阅厦门市区地图(小久保摄影)

图3-36 1938年5月11日，日本海军陆战队山昭部队占领厦门五通守军阵地（蝶野摄影）

图3-37 1938年5月11日，占领厦门五通的福岛部队在龙舌兰地休整（蝶野摄影）

图3-38 1938年5月11日，日本海军陆战队山昭部队的士兵在厦门禾山泥金挨家搜查抗日士兵（蝶野摄影）

第三章 被蹂躏的乡土

■ 图3-39 1938年5月11日,厦门五通守军战殁者留下的弹药和被子弹打穿的钢盔(小久保摄影)

■ 图3-40 1938年5月11日,日本海军陆战队福岛部队的前线指挥官(蝶野摄影)

■ 图3-41 1938年5月12日,厦门五通守军留下的铁蒺藜和地雷区(小久保摄影)

■ 图3-42　1938年5月12日，日本海军陆战队志贺部队为战死在五通的士兵立碑悼念（蝶野摄影）

■ 图3-43　1938年5月11日，日本海军陆战队进攻东坪山（大塚摄影）

第三章 被蹂躏的乡土

■ 图3-44　1938年5月11日，日本海军陆战队福岛部队占领厦门东坪山（蝶野摄影）

■ 图3-45　日军占领上李水库（大塚摄影）

■ 图3-46　1938年5月11日，日本海军陆战队占领厦门禾山的江头镇（小久保摄影）

■ 图3-47　1938年5月11日，日本海军陆战队福岛部队设在厦门大学附近的前线指挥部（蝶野摄影）

第三章 被蹂躏的乡土

■ 图3-48　1938年5月11日，日本海军陆战队志贺部队在厦门市郊与守军激战（蝶野摄影）

■ 图3-49　1938年5月12日晨，日军占领厦门黄厝海岸，正向厦门白石炮台、胡里山炮台挺进（蝶野摄影）

图3-50 1938年5月12日晨,从厦门黄厝海岸登陆的日本海军陆战队士兵(大塚摄影)

图3-51 1938年5月12日,日本海军陆战队福岛部队的登陆艇登陆石渭头海岸(蝶野摄影)

图3-52 1938年5月12日,日本海军陆战队占领厦门胡里山炮台后,日军士兵正在炮台附近的象山休整(小久保摄影)

第三章 被蹂躏的乡土

图3-53　1938年5月11日，在厦门五通被俘的守军战地女护士（小久保摄影）

第三节 厦门保卫战

本节照片资料是国民党军队记者杜凡七十九年前在厦门战场拍摄的，发表在《对日抗战新闻画报》上。

■ 图3-54 1938年5月10日晨，厦门守军在五通阵地用德式机枪反击低空俯冲扫射的日本军机（杜凡摄影）

■ 图3-55　1938年5月10日，厦门五通守军用迫击炮轰击日军（杜凡摄影）

■ 图3-56　1938年5月10日晨，日本轰炸机轰炸厦门香山守军的阵地，守军阵地重机枪对敌机扫射。为防止敌人投掷毒气弹，士兵们用湿手巾掩鼻（杜凡摄影）

■ 图3-57 1938年5月10日，厦门守军在香山与强行登陆的日军进行殊死战斗（杜凡摄影）

■ 图3-58 1938年5月10日下午，厦门守军的机炮排增援在五通与日军进行生死鏖战的七十五师（杜凡摄影）

■ 图3-59　1938年5月11日，厦门守军在禾山、莲坂、双涵与登陆的日军进行激战（杜凡摄影）

■ 图3-60　厦门守军七十五师进行反冲锋（杜凡摄影）

■ 图3-61　厦门守军的机枪手在五通阵地与登陆的日军进行生死鏖战（杜凡摄影）

■ 图3-62　1938年5月10日，厦门守军在五通阵地与登陆的日军战斗（杜凡摄影）

第四节　厦门被日军占领

本节照片资料是七十九年前日本从军记者蝶野、新海、小久保、渥美在厦门战场拍摄的。发表在东京国际情报社《世界画报》之"日支大事变号"第十一辑、《"支那"事变画报》第十辑、东京《朝日新闻》昭和十三年（1938年）五月、东洋文化协会《画报跃进之日本》第十四辑。

■ 图3-63　1937年5月11日，东京《朝日新闻》报道厦门是日军进军东南亚的重要战略基地，攻占厦门岛有重大战略意义

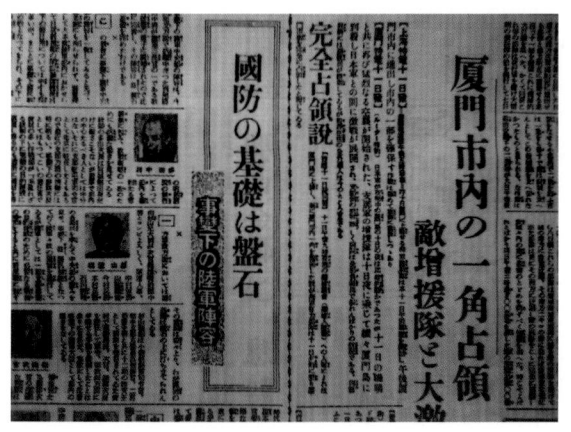

■ 图3-64　1938年5月12日，东京《朝日新闻》报道日军攻占厦门情况

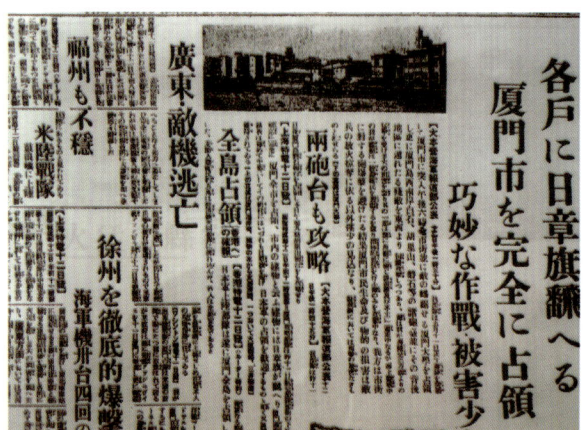

图3-65　1938年5月13日，东京《朝日新闻》报道日军全面占领厦门

图3-66　1938年5月24日，东京《朝日新闻》刊登日本从军记者新海拍摄的日军丸山炮兵在厦门高崎拖榴弹炮的剪影照片，题名为"厦门皇军炮兵活跃"

图3-67　1938年5月27日，东京《朝日新闻》刊载日本从军记者新海拍摄的日军福岛部队攻占厦门岛的画面

第三章 被蹂躏的乡土

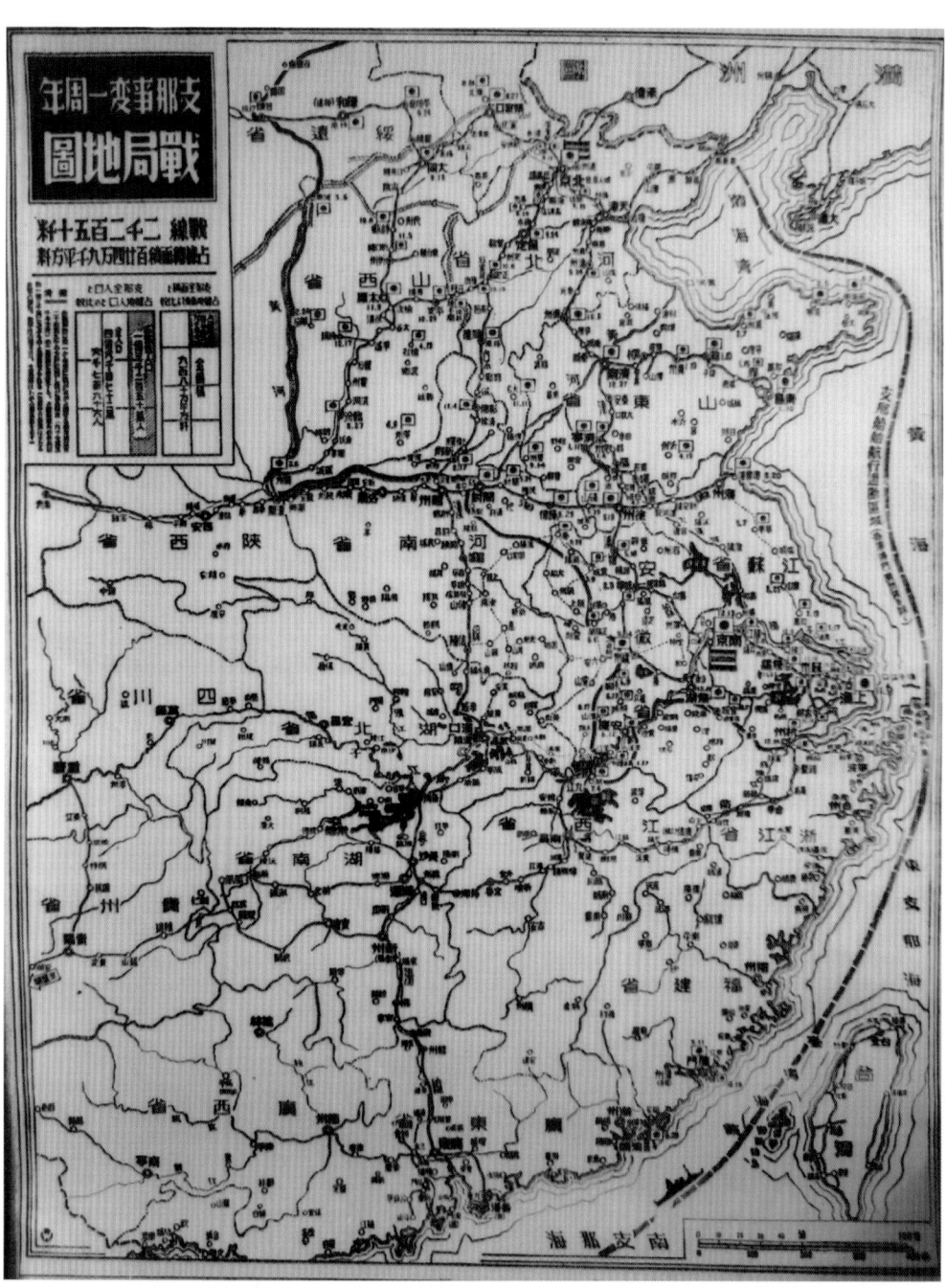

图3-68　1938年7月7日，东京《朝日新闻》刊载侵华战局地图

■ 图3-69　1938年5月13日，东京《朝日新闻》报道日海军陆战队全面占领厦门

■ 图3-70　1938年5月15日，日本从军记者小久保在《"支那"事变画报》第十辑上发表厦门被日军占领的摄影照片

■ 图3-71 1938年5月13日,日本南支舰队的驱逐舰在厦门太古码头举行升旗仪式(蝶野摄影)

■ 图3-72 1938年5月12日,日本海军潜水艇现身厦鼓海峡(小久保摄影)

■ 图3-73　1938年5月12日，日本海军陆战队侵占厦门市市长李怡霖官邸。画面中哨兵右侧楼宇屋顶的"小亭"下面是现今厦门鹭江道星巴克咖啡馆（蝶野摄影）

■ 图3-74　1938年5月15日，设立在厦门内武庙内的海军陆战队司令部

第三章 被蹂躏的乡土

▪ 图3-75 1938年5月13日,日本海军陆战队志贺部队的士兵在围搜抗日人士

▪ 图3-76 1938年5月12日,日本海军陆战队志贺部队在五通搜捕抗日士兵(蝶野摄影)

■ 图3-77　1938年5月12日，日本海军陆战队在五通村扫荡"残敌"

■ 图3-78　1938年5月10日，日本海军陆战队志贺部队占领厦门五通海岸（小久保摄影）

第三章 被蹂躏的乡土

079

■ 图3-79　1938年5月12日，日本海军陆战队福岛部队占领厦门曾厝垵象山（小久保摄影）

■ 图3-80　1938年5月12日，日本海军陆战队在胡里山炮台附近的象山构筑工事（小久保摄影）

■ 图3-81　被日军占领的厦门邮电码头（蝶野摄影）

■ 图3-82　1938年5月15日，荷枪实弹的士兵在太古码头监视维修水下电缆的中国人（蝶野摄影）

第三章 被蹂躏的乡土

081

■ 图3-83　1938年5月15日，日本海军陆战队的士兵架机枪在鹭江海域巡逻

■ 图3-84　1938年5月，在鹭江道水仙码头营生的人力车（小久保摄影）

■ 图3-85　1938年5月20日，日本南支舰队司令长谷川清在厦门鼓浪屿日本总领事馆向日本陆军部司令汇报5月10—13日厦门战况（小久保摄影）

■ 图3-86　1938年6月15日，日本在厦门成立特别市市政府。特别市市政府的职责是与日本台湾总督府携手，协助实施日军向华南进军的战略（小久保摄影）

第三章 被蹂躏的乡土

■ 图3-87 1938年5月11日，日本海军陆战队福岛部队占领白石炮台（新海摄影）

■ 图3-88 1938年5月12日，厦门胡里山炮台被占领（新海摄影）

日本记者镜头中的侵华战争

图3-89 1938年5月12日，日本海军陆战队占领磐石炮台（新海摄影）

图3-90 日军占领磐石炮台

图3-91 1938年5月12日，日本海军陆战队占领磐石炮台，日本士兵持枪站岗（新海摄影）

第三章 被蹂躏的乡土

■ 图3-92　1938年5月19日,日本海军陆战队列队到中山公园参加阅兵式。该路段是现华侨大酒店对面的老建筑,已拆,现在是玉滨城(蝶野摄影)

■ 图3-93　1938年5月19日,日本海军陆战队在厦门中山公园举行阅兵式(蝶野摄影)

■ 图3-94　1938年5月，鼓浪屿日本领事馆外的哨兵（蝶野摄影）

■ 图3-95　1938年5月，鼓浪屿田尾路英国领事馆外的士兵（小久保摄影）

■ 图3-96 日本军队1939年5月在厦门鼓浪屿拟订的南进作战方案（小久保摄影）

■ 图3-97 恐怖统治下的厦门中山路空无一人（新海摄影）

■ 图3-98 1938年5月15日，遗留在厦门思明南路的抗日标语（蝶野摄影）

■ 图3-99　1938年5月20日，遗留在厦门营平路的抗日标语（蝶野摄影）

■ 图3-100　1938年5月29日，遗留在厦门晨光路的抗日标语（蝶野摄影）

第三章 被蹂躏的乡土

■ 图3-101 1938年6月，日本海军陆战队在厦门嵩屿强迫厦门人修筑铁路

■ 图3-102 1938年5月12日，日本士兵在厦门禾山社泥金乡捕抓老百姓喂养的肥鸭（蝶野摄影）

日本记者镜头中的侵华战争

■ 图3-103　1938年5月15日，日军士兵在厦门五通打家劫舍。被从军记者蝶野称为"凯旋而归的五通勇士"（蝶野摄影）

■ 图3-104　1938年5月25日，驻厦门日军扛走马厝的文物（蝶野摄影）

第五节 日本从军记者镜头中"繁荣与和平的厦门"

　　本节照片资料是七十九年前日本从军记者新海、大塚、渥美、蝶野在厦门拍摄的,发表在《"支那"事变画报》第三十辑上。

■ 图3-105　1938年5月12日,日本军人在厦门鼓浪屿龙头路口对鼓浪屿民众训话(新海摄影)

日本记者镜头中的侵华战争

■ 图3-106　1938年5月20日，厦门民众按日军的要求排队登记"良民证"（新海摄影）

■ 图3-107　1938年5月3日，日军占领后的厦门轮渡码头。海上是日本万吨级的补给轮船。日本从军记者称为"建设厦门乐土"（新海摄影）

■ 图3-108　1938年5月15日，日本从军记者拍摄的厦门开元路一带"民众生活平静安宁，生意一片繁荣"（新海摄影）

■ 图3-109　日本从军记者称日本要为厦门人"建设厦门乐土"（新海摄影）

日本记者镜头中的侵华战争

图3-110　1938年5月13日,日本从军记者从厦门南普陀寺后山居高临下拍摄的南普陀寺和厦门大学及其远景（渥美摄影）

图3-111　1938年5月20日,入侵厦门的日军为厦门人进行户口登记（新海摄影）

图3-112　一群身穿旗袍的仕女,悠闲地在厦门大学后山观赏厦门大自然的美景。这是日本从军记者拍摄的一张宣传厦门和平安宁景象的照片。可是,照片远景左侧的日本军舰破坏了厦门和平安宁的意境。明眼人一眼就看出,这是刺刀下的和平与安宁（渥美摄影）

第四章　北平城被日军占领，天津、山西沦陷

第一节　北平沦陷

本节照片资料是八十年前日本从军记者森田、冈梦、川崎在北平战场上拍摄的，发表在1937年《"支那"事变画报》第二十辑上。

■ 图4-1　1937年7月中旬，进攻北平的日军从外围向北平进军（冈梦摄影）

第四章 北平城被日军占领，天津、山西沦陷

图4-2 1937年7月30日，侵华日军萱岛部队在北京朝阳门车站（冈梦摄影）

图4-3 1937年8月6日，行进在正阳门的日军（冈梦摄影）

图4-4 1937年8月8日,一个日军士兵在北京地安门骑在石狮上,气焰嚣张地挥舞战刀(冈梦摄影)

图4-5 1937年8月8日,日军在北平举行大军入城式后,穿过朝阳门的萱岛部队登上朝阳门城楼,得意忘形(冈梦摄影)

第四章 北平城被日军占领，天津、山西沦陷

图4-6 1937年8月12日，日军占领北京后，组织上千少年参加日本大军进城仪式（森田摄影）

图4-7 1937年8月12日，北京"大和门"的庆祝仪式（森田摄影）

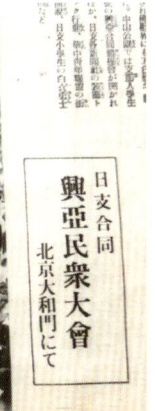

图4-8 1937年8月20日，"北京新政府"成立大会，日本派大阪的小学生代表参加（森田摄影）

日本记者镜头中的侵华战争

图4-9　1937年9月23日，日军向河北中国守军施放毒气（莫里循摄影）

图4-10　1937年12月，"中华民国临时政府"成立，此为"北京外交"大楼

图4-11　1937年12月，北京"中华民国临时政府"的"外交部"（川崎摄影）

第四章 北平城被日军占领，天津、山西沦陷

■ 图4-12　1937年12月13日，日军攻克南京城，日本驻北平军部在天安门挂标语祝贺（川崎摄影）

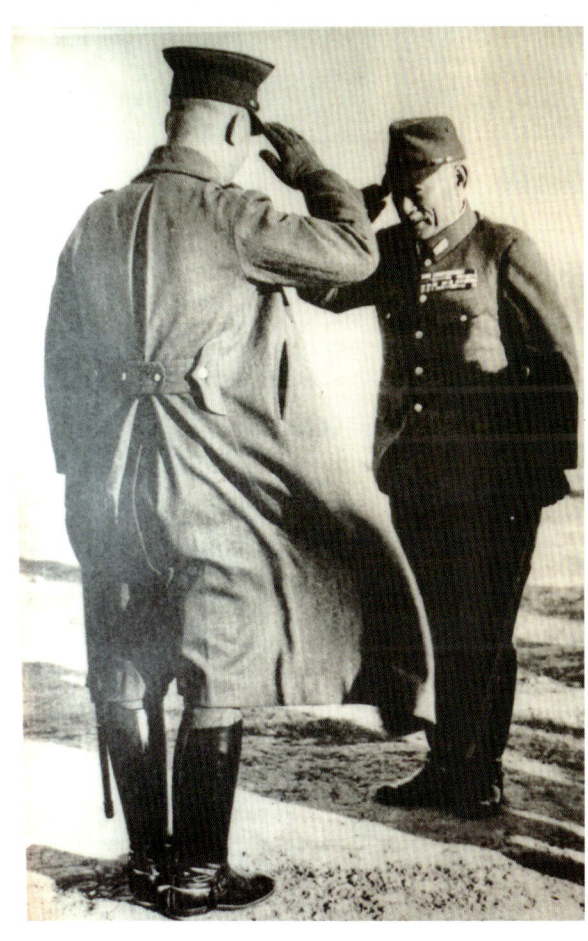

■ 图4-13　抵达飞机场的寺内最高指挥官（川崎摄影）

图4-14 "新政府"的衙门一派和平景象（川崎摄影）

图4-15 日本妇女在北京的古建筑外迎接新春的到来，中国人的新春已被日本法西斯的刺刀破坏（冈梦摄影）

第四章 北平城被日军占领，天津、山西沦陷

图4-16 日本宣传机器宣扬北京被占领之后的平静（冈梦摄影）

图4-17 1938年春天，日本从军记者拍摄四个穿着和服的日本妇女在北京的生活（冈梦摄影）

图4-18 日军攻陷北京城。城内的外国家庭生活安然无恙，甚至荡秋千，欢乐快活（冈梦摄影）

■ 图4-19 1938年1月，一群浪漫的日本妇女在户外进行健身活动，享受人生。她们是否想过，这里是中国的北京，这里曾经是中国人用鲜血和生命抵抗日本法西斯进攻的北京（冈梦摄影）

■ 图4-20 日军组织中日儿童在北京庆祝日本海军纪念日（冈梦摄影）

■ 图4-21 北京居仁堂的文物被日军"清理"后准备运回日本（冈梦摄影）

第二节 天津沦陷

本节照片资料是七十九年前日本从军记者冈梦、川崎在中国天津战场上拍摄的,发表在《福冈日日新闻》第十二辑上。

图4-22 日本海军陆战队在天津外围攻击中国守军(川崎摄影)

图4-23 日军在天津市中心与中国军队鏖战(川崎摄影)

日本记者镜头中的侵华战争

▎图4-24　日军在天津进行阅兵式（川崎摄影）

▎图4-25　日军在天津市中心列队行进（冈梦摄影）

第四章 北平城被日军占领，天津、山西沦陷

图4-26 恐怖统治下的天津市井（冈梦摄影）

图4-27 日军在天津广场祭悼攻占天津时阵亡的士兵（冈梦摄影）

图4-28　日军在天津设立神社，专供日本士兵参拜（冈梦摄影）

第三节　山西沦陷

本节照片资料是八十年前日本从军记者缄智、晨田川、竹森在中国山西战场上拍摄的,发表于东京《"支那"战线写真》第二十三辑上。

太原会战历时两个月,是战争初期华北战场上规模最大的一次会战。日本在太原会战中遭遇了前所未有的困难,他们投入了相当大的兵力,伤亡惨重,更遭遇了平型关的败仗,日军不可战胜的神话被打破。虽然日军最终攻占太原,但是这场战役消耗了日军大量的有生力量。

图4-29　日本109师团的骑兵在追击撤退的中国军队(竹森摄影)

日本记者镜头中的侵华战争

■ 图4-30　日军在山西忻口被中国军队打得疲惫不堪（竹森摄影）

■ 图4-31　1937年9月26日，日本109师团新型战车向太原推进（晨田川摄影）

第四章 北平城被日军占领，天津、山西沦陷

■ 图4-32　1937年10月12日，日本关东军在山西忻口与中国军队进行生死鏖战，忻口之战历时二十三天，中国军队歼敌达三个联队（竹森摄影）

■ 图4-33　1937年10月14日，日军松井部队向忻口方向集结（缄智摄影）

图4-34 1937年10月26日,日军第20师团突破娘子关后,沿正太线向太原追击(缄智摄影)

图4-35 日本109师团在山西五台山县城东北受到中国军队的袭击

第四章 北平城被日军占领，天津、山西沦陷

■ 图4-36　1937年10月26日，日军川岸文三郎部队占领娘子关后，手舞足蹈欢呼（晨田川摄影）

■ 图4-37　1937年11月2日，中国第5师团从忻口向太原撤退。与日军展开生死鏖战，敌我双方尸横遍野（竹森摄影）

图4-38　1937年11月8日，日军109师团架云梯强攻太原古城（缄智摄影）

图4-39　山西怀台镇被日军占领（缄智摄影）

图4-40　日军占领太原城时的狂热欢呼（晨田川摄影）

第五章　淞沪会战

日本记者镜头中的侵华战争

　　本章照片资料是八十年前日本从军记者石川达三、大塚、缄智、片山在中国淞沪战场上拍摄的，发表在《"支那"事变画报》第二十六辑和《"支那"战线写真画报》第二十四辑上。

　　淞沪会战历时三个月，日军投入二十八万兵力，动用大批军舰、飞机、坦克，但并未如预先设想的那样速战速决。一个上海便让日军耗费三个月，原定的灭亡中国计划早已失败。这场会战不仅给日军带来重大人员伤亡，还为整个中国战事的准备赢得宝贵时间。中国官兵同仇敌忾，以劣质装备和日军拼搏，不屈不挠的精神激发了中国各界的爱国之情。

图5-1　1937年9月5日，东京《朝日新闻》报道的日本南支舰队强大的海军进入上海海域（缄智摄影）

图5-2　1937年9月5日，东京《朝日新闻》报道的日军进攻江湾的消息

图5-3　1937年9月5日，东京《朝日新闻》报道日本海军陆战队占领吴淞炮台

日本记者镜头中的侵华战争

图5-4　1937年9月7日，东京《朝日新闻》报道日军占领上海虬江码头

图5-5　1937年9月10日，东京《朝日新闻》展示日本海军航空队的空中力量

第五章 淞沪会战

图5-6 1937年9月16日,东京《朝日新闻》记者角野拍摄的日本航空兵击落中国上海军机的报道

图5-7 日军从长江白茆口登陆,迫近上海(片山摄影)

日本记者镜头中的侵华战争

图5-8　1937年11月3日，江阴炮台被日军占领（片山摄影）

图5-9　1937年11月3日，日本侦察机从空中俯拍的上海黄浦江的场景（片山摄影）

第五章 淞沪会战

■ 图5-10 日军占领江阴西门,迫近上海(片山摄影)

■ 图5-11 1937年11月3日,上海外围的江阴炮台被日军苍林部队占领,法西斯气势令人作呕(片山摄影)

■ 图5-12　1937年11月7日，上海吴淞炮台被占领（片山摄影）

■ 图5-13　淞沪战役中被日军击毁的吴淞炮台（片山摄影）

第五章 淞沪会战

123

图5-14　1937年11月7日，日军前线指挥官视察上海吴淞镇（大塚摄影）

图5-15　淞沪会战前线堑壕中的中国守军（缄智摄影）

日本记者镜头中的侵华战争

■ 图5-16　1937年11月10日，日军进攻上海，海军航空队炸毁上海火车站，一个三岁的幼儿哭喊着要找妈妈，但是他父母都已被炮火吞噬（莫里循摄影）

■ 图5-17　1937年11月10日，日军毒气战部队使用毒气弹掩护部队突击上海市区（缄智摄影）

■ 图5-18 1937年11月11日，日军在闸北区的巷战中，使用毒气作战（缄智摄影）

■ 图5-19 1937年11月11日，日军在上海闸北与中国守军进行巷战（缄智摄影）

日本记者镜头中的侵华战争

■ 图5-20　1937年11月12日，日军攻克上海大场镇（片山摄影）

■ 图5-21　1937年11月12日，日军攻入上海市区（大塚摄影）

■ 图5-22　1937年11月12日，日军攻占上海市政府（片山摄影）

■ 图5-23　1937年11月12日，日军攻入上海市区时的剪影拼贴（缄智摄影）

日本记者镜头中的侵华战争

■ 图5-24 被日军航空队轰炸后的上海吴淞镇（石川达三摄影）

■ 图5-25 被炮火摧毁的满目疮痍的上海一角（缄智摄影）

图5-26　日军进入复旦大学（石川达三摄影）

图5-27　日本海军陆战队枪杀年轻的中国战俘

日本记者镜头中的侵华战争

■ 图5-28　日本海军陆战队士兵在上海刺杀手无寸铁的平民（石川达三摄影）

■ 图5-29　1937年11月12日，日军占领上海。日军把战死的中国守军将军的头颅割下示众，企图以这种恐怖惨状来摧毁中国人的抗日意志

第五章 淞沪会战

图5-30　1937年11月12日，停泊在上海黄浦江上的日本航母"初云号"

图5-31　在上海黄浦江上猖獗游弋的日本东支舰队的战舰（大塚摄影）

■ 图5-32　1937年11月12日，侵入上海的日本东支舰队的驱逐舰驶入黄浦江（大塚摄影）

■ 图5-33　1937年11月12日，日军从军记者拍摄的反日标语（石川达三摄影）

图5-34 1937年11月12日,日军占领上海报恩寺(大塚摄影)

图5-35 1937年12月12日,日军完全占领上海(片山摄影)

日本记者镜头中的侵华战争

■ 图5-36　1938年5月，日军为战死的海军陆战队士兵建"忠魂碑"（石川达三摄影）

第六章　南京大屠杀

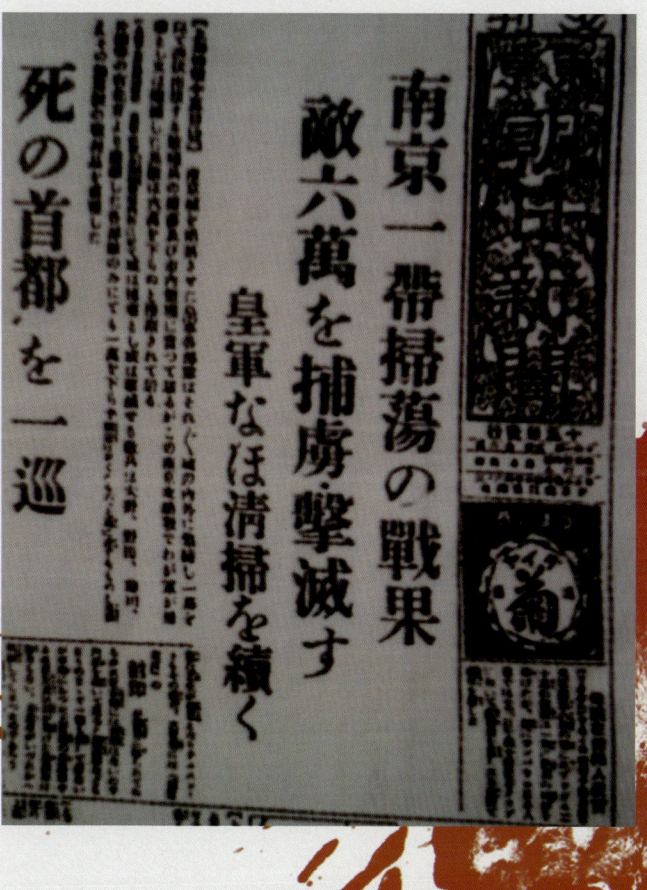

日本记者镜头中的侵华战争

本章照片资料是八十年前日本从军记者石川达三、川崎、永田、铃木、佐佐木在中国南京战场拍摄的，发表在东京《国际写真情报》、《"支那"战线写真》第二十五辑、《"支那"事变画报》第十八辑上。

1937年12月13日，日军攻陷南京之后，在南京城区及郊区对中国平民和战俘进行了六个星期的大规模屠杀与奸淫掳掠。共有三十万以上的无辜人民被日军残忍杀害，南京城三分之一被日军纵火烧毁！

日军松井石根、朝香宫鸠彦、谷寿夫进行世纪惨绝人寰大屠杀的目的是妄想通过如此血腥的一幕击溃中国人民的抗日斗志。但是中国人民并未被吓到，反而激起更多的人投入抗日阵营之中。

■ 图6-1　在侵华战争关键时期，日本东京《朝日新闻》社以"攻心为上，舆论先行"之原则，在1937年9月27日全版报道侵华日军的海军第三驱逐舰舰队司令"伏见宫博义的英勇行为"，意在粉饰侵华罪行

第六章 南京大屠杀

■ 图6-2　1937年9月23日，东京《朝日新闻》报道日本海军航空队轰炸上海、南京

■ 图6-3　南京沦陷之前的城市鸟瞰（永田摄影）

日本记者镜头中的侵华战争

图6-4　迂回包围南京南面的日军第6师团中将师团长谷寿夫（左）与第114师团师团长末松茂治中将，于南京南郊东善桥会师（永田摄影）

图6-5　日军谷寿夫部队在南京郊外迫近南京城（石川达三摄影）

■ 图6-6　1937年12月12日，中国守军与日军进行生死鏖战，这是日本野田部队在南京城外遭遇守军的袭击（川崎摄影）

■ 图6-7　1937年12月12日，日军装甲车队突击南京中华门（川崎摄影）

■ 图6-8　1937年12月13日,日本大野部队士兵正攀登南京城墙攻城（永田摄影）

■ 图6-9　日本大野部队炮轰南京紫金山（永田摄影）

第六章 南京大屠杀

■ 图6-10　1937年12月13日，南京中华门战死的中国守军及民众（石川达三摄影）

■ 图6-11　1937年12月13日，日军大野部队在南京中华门与中国守军激烈鏖战（川崎摄影）

日本记者镜头中的侵华战争

■ 图6-12 日军谷寿夫部队攻进南京中华门（川崎摄影）

■ 图6-13 被日军炮火摧毁的南京中华门（川崎摄影）

第六章 南京大屠杀

■ 图6-14 被日军炮火摧毁的南京中华门城墙

■ 图6-15 满目疮痍的南京中华门

日本记者镜头中的侵华战争

图6-16 日本东京《国际写真情报》发行的南京陷落纪念画册。左侧骑战马入城的是日本军人朝香宫鸠彦（永田摄影）

图6-17 1937年12月13日，日本大野部队占领南京中山门（永田摄影）

图6-18 1937年12月13日，日本陆军部杀害中国人的刽子手朝香宫鸠彦（右一）登上南京光华门视察（永田摄影）

图6-19 1937年12月13日,日军谷寿夫部队占领南京中华门(川崎摄影)

图6-20 1937年12月13日,日军占领南京参谋本部(川崎摄影)

■ 图6-21 1937年12月13日,日本高岛部队占领南京的气象台(川崎摄影)

■ 图6-22 1937年12月13日,日本从军记者在南京中山路拍摄的反日标语(石川达三摄影)

第六章 南京大屠杀

■ 图6-23　1937年12月13日，日本从军记者拍摄的从南京玄武门远眺紫金山的美景（川崎摄影）

■ 图6-24　1937年12月14日，日本设在南京的"大使馆"

■ 图6-25　1937年12月14日，日本设在南京的总参谋部（石川达三摄影）

■ 图6-26　1937年12月14日，日本宣传机器出版的文章《占领南京的意义》（川崎摄影）

第六章 南京大屠杀

■ 图6-27 1937年12月15日,日本从军记者电影新闻组拍摄的日军进入南京的入城仪式(永田摄影)

■ 图6-28 1937年12月15日,日本海军陆战队在南京城举行盛大的入城仪式(川崎摄影)

■ 图6-29　1937年12月15日，日本政府组织东京民众在街头庆祝日军攻陷南京（永田摄影）

■ 图6-30　1937年12月18日，南京大屠杀的罪魁祸首松井石根（中）、朝香宫鸠彦亲王（右一）在南京为战死的日本士兵举行"慰灵祭"（永田摄影）

第六章 南京大屠杀

图6-31 日本从军记者拍摄的被反日志士破坏的南京新闻局的后墙（石川达三摄影）

图6-32 明明是杀人不眨眼的刽子手，却要把自己打扮成"天使"（永田摄影）

日本记者镜头中的侵华战争

图6-33　南京遭受日军战火后成为一片废墟（石川达三摄影）

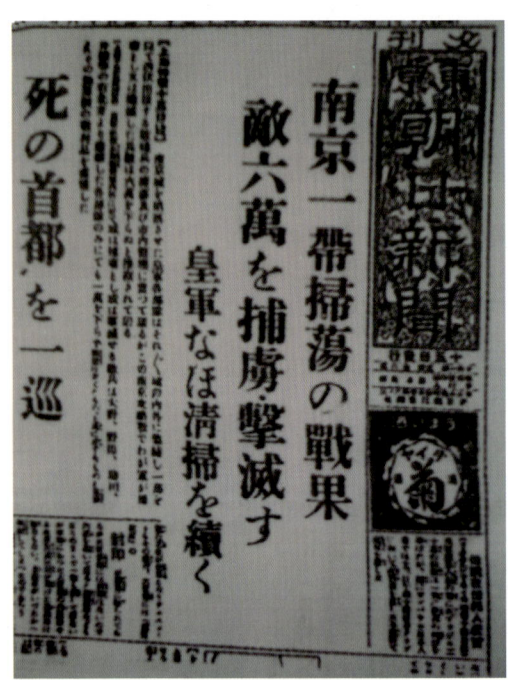

图6-34　1937年12月16日，东京《朝日新闻》报道有六万中国军人被俘、被杀

第六章 南京大屠杀

1-9 东史郎出征时的照片。（东史郎提供）

9月1日　日本京都府

日记

母亲和重一来与我告别。母亲很冷静，重一也很冷静，母亲说："这是一次千金难买的出征。你高兴吧！如果不幸被支那兵抓住的话，你就剖腹自杀！因3个儿子，死你一个没关系。"

12月13日　南京四方城

日记

早晨7点整队。

外面到处都是敌人的尸体。突然，发现一个奄奄一息的敌兵。我准备用刺刀刺他的喉咙，这时他微微地睁眼睛，嘴里哼些什么，吃力地将手举起，从怀里取出一个小本儿，用颤抖的手握住钢笔，一个劲在写些什么。他把写好的东西递给我，上面写了5个汉字，我都看不懂。他是使出全身力气写完这5个字的。写完时，脸上浮现出一丝微笑。

我忽然对他产生了怜悯，一等兵大岛看我下不了刺杀的决心，就说："东君，杀了吧？"

"那么……"我含糊地回答。

"反正快死了，杀了吧！"大岛准备好了刀剑。

"等一下，不要刺杀，要击毙。"

枪声响了，那个男的不动了。

背景

12月13日上午，第十六师团从中山门、和平门攻入城中；第六师团、第一一四师团从中华门攻入城中；第九师团从光华门攻入城中。午后，日本海军第十一支队溯江而上，控制下关江面；国崎支队攻占浦口；山田支队夺取乌龙山要塞，完成了对南京的包围。

日军占领南京后，立即开始搜捕"败残兵"，随即在城内展开了血腥屠杀。在长达6个星期内制造了震惊中外、惨绝人寰

▇ 图6-35　日本士兵东史郎写的战争日记

▇ 图6-36　日本从军记者石川达三在南京市区为一群烧杀抢掠的日本军人拍照（永田摄影）

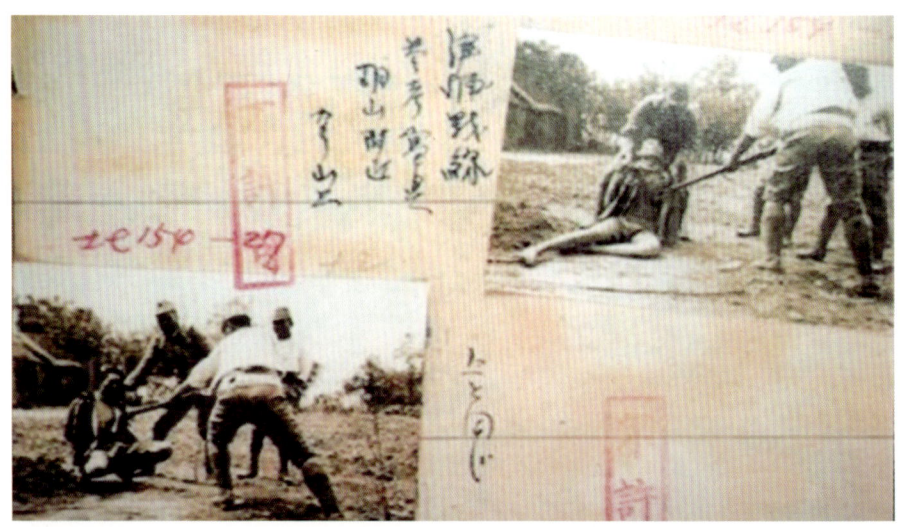

■ 图6-37　日军士兵刺杀我无辜百姓的照片，并注明"不许可发行"字样（永田摄影）

■ 图6-38　日军刽子手在南京举行杀人比赛。右侧为杀人刽子手向井敏，左侧为杀人刽子手野田（铃木摄影）

南京的命運

英文 • London Times

目睹者講給我聽，日軍怎樣在他們佔得的南京城裏爲所欲爲。日軍自進城以後，便開始了恐怖的統治。

進城以後的幾小時內，搶開金銀首飾店，掠奪各大街上的[illegible]店。

後來日本人便到醫院去，強迫看護婦把她們的錶、自來水筆、電筒等物都交出來。這醫院的基本財產也被掠奪。

城內無辜居民的屍體鋪滿了街道。靠江邊的城門口，屍體堆成山，高及一米。汽車和載重汽車來來往往在屍體上面走過。被捉住的中國兵士和警察，日本軍官把他們拴縛在一塊，或在街上槍斃。外僑的房屋也受到襲擊與搶劫。

（[illegible]譯）

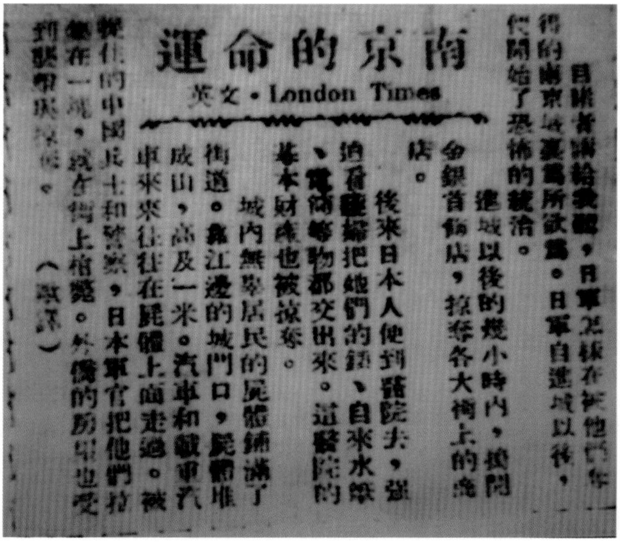

图6-39 1937年12月20日，《伦敦时报》的记者披露南京大屠杀的细节

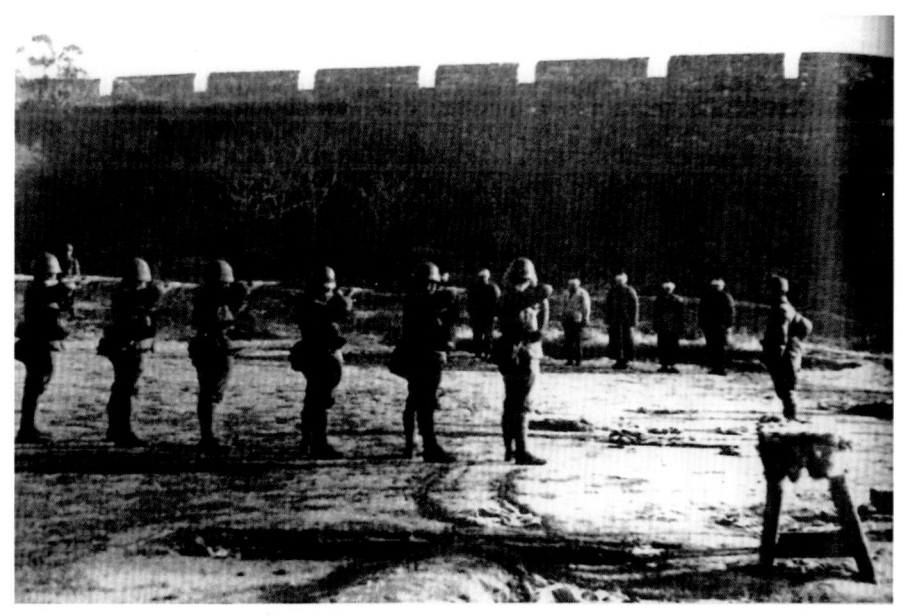

图6-40 日本竹下部队在南京城下枪杀战俘（石川达三摄影）

图6-41 被谷寿夫部队集体屠杀的中国战俘尸堆，他们的双手都被反捆着（石川达三摄影）

图6-42 南京江边的堤岸下，被枪杀的年轻战俘的尸体密匝匝地堆叠在一起（铃木摄影）

第六章 南京大屠杀

图6-43 南京市中华门附近集体被残杀的年轻中国战俘（石川达三摄影）

图6-44 南京市郊的防洪沟里填满了战俘的尸体（石川达三摄影）

日本记者镜头中的侵华战争

图6-45 在南京市郊被集体枪杀的中国战俘（石川达三摄影）

图6-46 1937年12月16日《大阪日日新闻》上刊发的照片中可见南京中华门被集体屠杀的中国战俘的尸体

图6-47 日军抓捕手无寸铁的中国平民(川崎摄影)

图6-48 一大群日本军人在围观砍杀中国人(石川达三摄影)

■ 图6-49 屠刀下的南京街市的冤魂（石川达三摄影）

■ 图6-50 日本军人在南京中华门砍杀南京百姓（川崎摄影）

■ 图6-51　参与南京中华门大屠杀的刽子手田中军吉（中）在擦拭"助广"军刀（铃木摄影）

■ 图6-52　南京大屠杀中，活埋场面为历史留下了日本法西斯灭绝人性暴行的证据（石川达三摄影）

日本记者镜头中的侵华战争

■ 图6-53　1937年12月，在南京市西南郊一带，侵华日军第六师团谷寿夫部队上尉田中军吉用"助广"刀连续砍死300多名中国人（铃木摄影）

■ 图6-54　侵华日军第六师团的士兵杀死战俘之后，欲取心肝下酒（永田摄影）

■ 图6-55　侵华士兵成群结伙地围观日本刽子手杀害中国人取乐

■ 图6-56　这个狞笑的日本军人凶残地砍杀正在祈祷的中国平民（佐佐木摄影）

日本记者镜头中的侵华战争

图6-57　军刀与枪刺同时向这个中国平民杀去

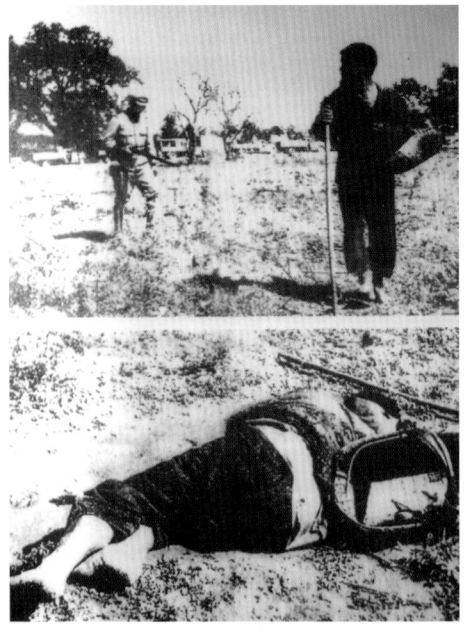

图6-58　侵华日军在南京郊区杀害一个无辜农民，这两张照片拍下了开枪前和开枪后的瞬间

图6-59 这个被蒙住双眼捆在木架上的中国人,至少被两个日军士兵当活靶子反复刺杀胸部致死

图6-60 这个惨无人道的侵华日军士兵在杀死多名中国人之后发出阵阵狞笑声

日本记者镜头中的侵华战争

■ 图6-61　为了防止这个中国老农民在被砍头的瞬间倒下，另一个日军士兵协助刽子手用绳子拉住被杀者的肩膀

■ 图6-62　南京大屠杀之后，尸体掩埋队的人正提起一个被日军杀害的幼儿的尸体准备运走

第六章 南京大屠杀

图6-63 南京市郊，日军围观砍杀中国人的场景（铃木摄影）

图6-64 这个日本军官欲用军刀砍下中国平民的头颅（川崎摄影）

图6-65 一个狞笑着的侵华士兵与被他刺杀的中国人合影（川崎摄影）

图6-66 南京中华门附近，一个日本军官正在指导新兵刺杀南京市民

第六章 南京大屠杀

图6-67 光天化日之下，日本士兵在大街上任意搂吻中国妇女（佐佐木摄影）

图6-68 南京街头，被枪杀的年轻母亲和失去妈妈的婴儿（川崎摄影）

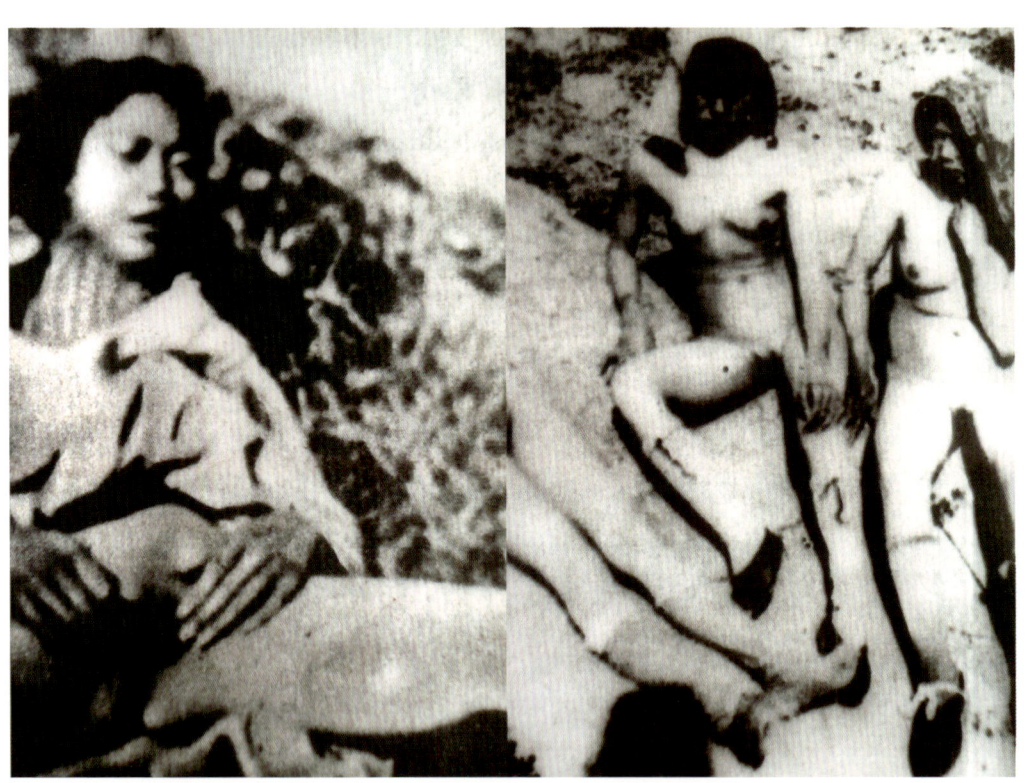

图6-69 南京街头,被日军士兵扒光衣服强奸的中国妇女(铃木摄影)

第七章 徐州会战

第一节　台儿庄大捷

　　本节照片资料是七十九年前日本从军记者影山、藏居、大东在台儿庄战场上拍摄的，发表在东京《"支那"事变画报》第十五辑上。李宗仁抗战的照片是1938年由《台湾日日新画报》记者拍摄的。

　　台儿庄位于枣庄南部，地处徐州东北三十公里的大运河北岸，临城至赵墩的铁路支线上，北连津浦路，南接陇海线，西面毗邻南四湖，是南下徐州的最后一道屏障，乃兵家必争之地，是日军夹击徐州的首战之地，可见台儿庄地理位置的重要性。日军夺取山东要地后，增加兵力，追击正面中国军队。日军第10师团由北自南展开进攻，第5师团由东北方向从临沂向峰县（今峰城）进攻配合作战。

　　台儿庄大战是抗日战争初期中国军队继平型关大捷后的又一重大胜利，也是国共两党第二次合作的光辉结晶。1938年春，日军坂垣师团自胶济线南下，直逼临沂，矶谷师团沿台枣支线挺进，欲速取台儿庄以图徐州贯通津浦。坐镇徐州的第五战区司令长官李宗仁与孙连仲部防守台儿庄，以汤恩伯部在峰北扪敌之背，在以台儿庄为重心的广大鲁南地区进行了一场大规模的惨烈战役，歼敌万余，创十四年抗战之伟绩，扬中华民族之雄威。

　　台儿庄战役，历经月余。我军毙伤日军11 984人，俘虏719人，缴获大炮31门，装甲车11辆，大小战车8辆，轻重机枪1 000余挺，步枪10 000余支。

　　台儿庄战役是抗战以来国民党正面战场取得的重大胜利，严重挫败日军猖狂气焰，遏制了日军侵华凶猛势头，粉碎了日军"三个月灭亡中国"的计划，振奋了国人高昂的抗日精神，坚定了国人抗战必胜的信念。

　　台儿庄中国军队与日本军队的生死鏖战，日本从军记者在画面上呈现的写真照片，不管是武器装备还是士兵锐气，都是其势汹汹而不可战胜。但从战争的结果看，日本侵略者只不过是一只纸老虎！

图7-1 指挥台儿庄战役的李宗仁

图7-2 李宗仁的炮兵部队向日本矶谷师团的战车群及进攻部队开炮（1938年5月《台湾日日新画报》）

图7-3 1938年4月2日，李宗仁的炮兵部队瞄准日本矶谷师团的"九七式"战车群(1938年5月《台湾日日新画报》)

图7-4 1938年4月6日，李宗仁的部队的重机枪连掩护守军士兵向日本军队进攻(1938年5月《台湾日日新画报》)

图7-5 守城的台儿庄中国炮兵部队（藏居摄影）

图7-6 在台儿庄守城的中国军队（影山摄影）

图7-7 日本从军记者镜头里的矶谷师团战车群高速向台儿庄集结（影山摄影）

日本记者镜头中的侵华战争

■ 图7-8 日军矶谷师团司令部的通讯兵加强室外的通讯设备架设（藏居摄影）

■ 图7-9 1938年3月24日，日军从东西方向进攻台儿庄（藏居摄影）

图7-10 1938年3月19日,日本矶谷师团的骑兵部队向台儿庄方向推进(大东摄影)

图7-11 1938年3月20日,日本矶谷师团先进的战车向台儿庄挺进(影山摄影)

日本记者镜头中的侵华战争

■ 图7-12　1938年3月24日，日本矶谷师团全面进攻台儿庄（影山摄影）

■ 图7-13　在台儿庄巷战中的中国守军痛击日军（影山摄影）

第二节　惨烈的开封之战

本节照片资料是七十九年前日本从军记者片山、冈田、缄智在开封战场拍摄的，发表在1938年《"支那"事变画报》第十九辑、《"支那"前线写真画报》第四十九辑。

■ 图7-14　1938年5月4日，日本航空队轰炸开封古城（片山摄影）

日本记者镜头中的侵华战争

■ 图7-15　1938年5月2日，日本骑兵队从黄河边向开封集结（片山摄影）

■ 图7-16　1938年5月4日，日军骑兵队在开封城外集结（片山摄影）

第七章 徐州会战

■ 图7-17 开封被日军视为徐州战略外围的"钉子",徐州会战的重点是拔掉开封这颗"钉子"。1938年6月5日,日本炮兵团用大炮撕开开封古城的缺口,海军陆战队用木梯攀登开封城墙(片山摄影)

■ 图7-18 1938年5月4日,攻击开封古城的日本士兵在城外休整(上图)。1938年5月5日,日本军队开始奔赴开封古城(下图)(冈田摄影)

■ 图7-19　1938年5月5日，日本海军陆战队进攻开封古城（片山、缄智、冈田摄影）

■ 图7-20　1938年5月6日，被攻陷的开封古城（片山、缄智、冈田摄影）

■图7-21 1938年5月10日,日本海军陆战队冈上长官向日军工兵部表示致谢,这条铁路是日军兵员与物资供给的生命线(冈田摄影)

■图7-22 1938年5月10日,从新乡开往开封的铁路开通,这条铁路线曾被中国守军炸毁(冈田摄影)

图7-23 1938年5月16日,日本从军记者拍摄的"村民为海军陆战队送茶水"的"劳军"场景。其目的是渲染占领中国领地的"合法性"(片山摄影)

图7-24 1938年5月20日,日本从军记者拍摄的日军骑兵部队在开封一座拱桥下巡逻(冈田摄影)

第三节　徐州沦陷

本节照片资料是七十九年前日本从军记者森田、高田在中国徐州战场上拍摄的，发表在东京《国际写真情报》第十一辑、《日支大事变画报》第十一辑、《"支那"事变画报》第卅一辑上。

1938年5月中旬，徐州沦陷。日军对这场战争寄予厚望，妄图通过大包围歼灭我军有生力量，达到摧毁抗日意志的目的，但他们无法达到预期目的。

徐州附近的军队虽然处境艰难，但还是成功地跳出包围圈。主力部队撤到河南南部和安徽西北部一带。

图7-25　日军迂回北侵，包围徐州城（高田摄影）

■ 图7-26 1938年4月26日,日军饭岛部队越过陇海线,集结徐州城外。日本从军记者镜头中的皇军与黄尘滚滚(森田摄影)

■ 图7-27 1938年4月28日,日军田代部队从郑州以东越过陇海线向徐州方向集结(高田摄影)

第七章 徐州会战

■ 图7-28　1938年5月1日，日军畑俊六部队的后勤辎重部队从陇海线往徐州方向运送后勤物资（高田摄影）

■ 图7-29　1938年5月3日，日军寺内寿一的骑兵与步兵向徐州方向集结（高田摄影）

■ 图7-30　1938年5月4日，日军畑俊六部队在徐州城外遭到中国守军的伏击（高田摄影）

■ 图7-31　1938年5月8日，日军田代、雨角两部队攻克徐州钢山县火车站，两军士兵隔轨欢呼胜利（森田摄影）

第七章 徐州会战

■ 图7-32　1938年5月9日，日军田代支队从西门攻击徐州，日军深田支队从南门攻陷徐州的蒙城。深田部队的炮兵用大炮把蒙城轰开一个大缺口，步兵顺势冲上蒙城城墙。价值连城的古城被日本法西斯毁了（东京明摄影）

■ 图7-33　1938年5月9日，日军深田部队的战车驶入徐州城（森田摄影）

日本记者镜头中的侵华战争

■ 图7-34　1938年5月9日，徐州西城被日军的大炮撕开一大缺口，日军饭岛部队的士兵冲上城西制高点（森田摄影）

■ 图7-35　1938年5月9日，日军雨角部队海军陆战队举刀欢呼攻破徐州城（森田摄影）

第七章 徐州会战

图7-36 1938年5月9日,日本东京《"支那"事变画报》第卅一辑刊出"徐州大会战(三)"画报(森田、高田摄影)

图7-37 1937年5月9日晨,日军雨角部队的战车驶入徐州城内(森田摄影)

日本记者镜头中的侵华战争

■ 图7-38 1938年5月9日晨,日军雨角部队占领徐州城（高田摄影）

■ 图7-39 1938年5月11日晨,日军田代、雨角两支部队占领徐州。后勤补给5月10日下午才抵达徐州城外渡口,马匹无法从单桥上走过,只得越过湍流游向对岸（森田摄影）

■ 图7-40　日军在徐州城内烧杀抢掠（高田摄影）

■ 图7-41　1938年5月10日，日军指挥官寺内寿一（右）与畑俊六（左）在徐州会师（高田摄影）

图7-42 被日军炮火摧毁的徐州街景（高田摄影）

图7-43 1938年5月10日，日军在徐州城内打鼓奏乐，欢庆徐州大捷（森田摄影）

第七章 徐州会战

图7-44 徐州城内一小学校外的反日标语表达了被蹂躏的中国人的心声（森田摄影）

图7-45 日军从军记者森田拍摄的徐州反日标语

■ 图7-46　1938年5月12日，日军雨角部队在徐州城外大塔旁巡逻，日本从军记者说这是在保护徐州老百姓的"幸福"生活（森田摄影）

■ 图7-47　1938年5月19日下午，日军深田部队占领徐州城内一寺庙（高田摄影）

图7-48　1938年5月26日，日本东京出版的《国际写真情报》画刊刊出"徐州陷落纪念号"，此为封面（森田摄影）

第四节　合肥沦陷

本节照片资料是七十九年前日本从军记者晨田川在合肥战场上拍摄的，发表在东京《"支那"事变画报》第十九辑上。

图7-49　合肥是日军攻击安庆、武汉的桥头堡，要完成武汉战略，首先必须拔掉合肥这个桥头堡。1938年5月12—14日日军进攻广州、合肥、六安，5月22日日军中野部队占领合肥（晨田川摄影）

第七章 徐州会战

■ 图7-50 1938年5月20日，日军福荣部队在夕阳下向安庆急行军。日本从军记者在镜头语言中描述的意境是"构图精美的剪影中，一群为拯救苦难中国人的皇军并不畏惧辛苦与疲劳"。这就是日本从军记者美化、诗化日本法西斯的"功勋"（晨田川摄影）

■ 图7-51 1938年5月20日，日本从军记者镜头里的安徽中部日军的福荣部队清晨从合肥出发，向安庆挺进。画面中合肥的近景十分迷人，感觉不出这是一群法西斯豺狼奉命去征占中国的另一块土地和杀害中国人（晨田川摄影）

日本记者镜头中的侵华战争

■ 图7-52　日本陆军司令官闲院宫春仁（左），结束了合肥的视察，前往蚌埠机场（晨田川摄影）

■ 图7-53　美丽的安徽九华山依然逃脱不了日本法西斯的铁蹄（晨田川摄影）

第七章 徐州会战

图7-54　日军进攻合肥古城（晨田川摄影）

第五节　安庆陷落

本节照片资料是七十九年前日本从军记者晨田川、高田在安庆战场上拍摄的，发表在东京《"支那"事变画报》第十九辑上。

安庆是武汉会战的序曲。

安庆位于长江下游，是当时安徽省的省会。其北部有大别山，南临长江，军事地位重要，被认为是"上控淮肥，山深水衍战守之资"。历史上陈友谅曾以水师自武昌东下破安庆迫南京，朱元璋亦曾据此而上，攻灭陈友谅。明朝宁王朱宸濠的反叛就是在安庆受阻，被明武宗平定；曾国藩的湘军以长围攻破安庆，沿江而下扑灭太平天国起义。

日本最高决策层深谙安庆的战略地位，其攻占安庆就欲夺取安庆机场，作为陆军航空队的基地，直接从安庆起飞轰炸武汉以及更深远的内地相当便利。

1938年6月1日，日军第6师团从合肥出发，从北路进攻安庆；东路由波田支队沿江而上攻击安庆。

■ 图7-55　1938年6月10日，日本航空队轰炸安庆市区（高田摄影）

第七章 徐州会战

图7-56　1938年6月12日,日本海陆两军合力进攻安庆(晨田川摄影)

日本记者镜头中的侵华战争

■ 图7-57　1938年6月12日，日军波田支队沿江进攻安庆（晨田川摄影）

■ 图7-58　日军攻入安庆城内（高田摄影）

第八章　黄河之战
——黄河溃堤水淹日军

日本记者镜头中的侵华战争

　　本章照片资料是七十九年前日本从军记者缄智、片山、大东、藏居、大塚在黄河前线拍摄的，发表在东京《"支那"事变画报》第卅二辑、《国际写真情报》第二十八辑上。

　　1938年6月9日，在日本强大的军事压力下，已经四面楚歌的蒋介石决定炸毁黄河花园口堤坝，放水阻挡日军的进攻。从战略全局和军事价值而言，决堤能有效地阻挡并放缓日军的集结与进攻时间，我军又能利用这段时间差进行军队的调整与布防，保卫武汉。

　　花园口决堤时，骄横不可一世的土肥原的第14师团顾不得马匹和物资，纷纷跑到陇海铁路的路基上和城里避难。日本土肥原贤二刊行汇编的《土肥原秘录》在记述第14师团当时的状况时说："土肥原兵团有如袋中之鼠，无处逃避，束手无策，在万分苦难中度过了一个月。"

　　日本第14师团陷入洪水包围之中的主要是中牟一线的部队，尽管第2军全力实施救援。

　　然而，比第14师团更惨的是第16师团。他们处于下游，泛滥区要比上游宽得多。第16师团整支部队完全被洪水给包围了起来。日军或许不怕中国军队的人海，但面对大水却四顾茫然。尤其是第16师团冲在最前方的挺进支队，此时还遭到中国军队迎头打击，地方民团也不断袭击日军。有的日军士兵在日记上记下"我们的形状极其狼狈"这样的话。

　　华北方面军司令部命令临时航空兵团全力保障被洪水围困的部队。在九天内，这些飞机一共给两个师团的部队空投了61.5吨的粮食和卫生材料。到7月7日，这个特殊的日子，在洪水之中挣扎了近一个月的第16师团才走出困境，在目的地附近集结。

　　由于洪水引发淮河泛滥，津浦路沿线的铁路、公路交通网都陷入瘫痪状态，给日军的运输带来相当大的困难。且泛滥之后，航道也难以充分使用，利用淮河水运作为主力补给方案"失灵"，因此既定方案必须修改。日军最后确定，主攻方向改为沿江而上。我军成功有效地保护了武汉。

　　黄河决堤之后，一共造成河南、安徽、江苏三省44县市受灾，受灾人口达到1 230万，390万人口无家可归，89万人死于非命。

第八章 黄河之战——黄河溃堤水淹日军

▇ 图8-1　1938年6月9日，被中国守军炸毁的新郑东六公里处的平汉线铁路桥（大东摄影）

▇ 图8-2　1938年6月10日，中国军队在花园口炸堤坝水淹日本军队，日本从军记者攻击我军溃堤为"暴虐"（片山摄影）

日本记者镜头中的侵华战争

■ 图8-3　1938年6月15日，日军第14师团陷入黄河水的重重包围之中（大东摄影）

■ 图8-4　1938年6月15日，日军第16师团福荣部队在杨家庄埋伏，欲伏击中国侦察兵（藏居摄影）

第八章 黄河之战——黄河溃堤水淹日军

图8-5 1938年6月16日，日军第16兵团的士兵划舟在黄泛区寻找被洪水冲散的士兵（片山摄影）

图8-6 1938年6月17日，中国军队在黄泛区突袭日本军队

日本记者镜头中的侵华战争

■ 图8-7　1938年6月17日，被黄河水淹得无可奈何的日军只能用冲锋舟运载部队（大塚摄影）

■ 图8-8　1938年6月18日，日军土肥原部队被突如其来的黄河水冲得溃不成军，只得用小舟在黄泛区联络失散的部队（片山摄影）

第八章 黄河之战——黄河溃堤水淹日军

211

图8-9 1938年6月18日,因黄河水泛滥,日军大田部队的士兵饮水都困难,部队长用酒代水鼓动士气(大塚摄影)

图8-10 1938年6月19日,第14师团的骑兵企图渡过黄河,遭到中国军队的袭击和包围而束手无策(缄智摄影)

■ 图8-11　1938年6月19日,日军山内敢死队"欲以战求安全",这是队长出战之前检查部队（大塚摄影）

■ 图8-12　日军山内敢死队士兵用粗铁丝做成防滑鞋套,能在黄泛区泥泞中行走而不"脱鞋",可见"溃堤之战"让日军狼狈不堪（缄智摄影）

第八章 黄河之战——黄河溃堤水淹日军

213

图8-13　日军第16师团的侦察兵爬树远眺中国军队的动向（片山摄影）

图8-14　日军山内敢死队准备出击（藏居摄影）

日本记者镜头中的侵华战争

■ 图8-15 被黄河水围困的日本军队陷入空前的危机，处于黄泛区下游的日本第16师团的装备和物资只能用马和小车运往堤岸高处（大东摄影）

■ 图8-16 1938年6月20日，日军土肥原贤二的第14师团被围困在黄泛区的中牟一带，为了鼓动士气，土肥原部的军官举战旗训话（片山摄影）

第八章 黄河之战——黄河溃堤水淹日军

215

■ 图8-17 1938年6月21日，日军第16师团桑田骑兵队的尖兵在黄河岸边遭到中国军队的袭击（片山摄影）

■ 图8-18 1938年6月22日，日军桑田部队的骑兵离开黄泛区（藏居摄影）

■ 图8-19 1938年6月22日，日军关谷部队在归仁镇遭到中国军队袭击，日本士兵躲在农民房屋里窥视动静（藏居摄影）

■ 图8-20 1938年6月22日，脱离黄泛区的日军第16师团在黄河右岸集结（片山摄影）

第八章 黄河之战——黄河溃堤水淹日军

■ 图8-21　1938年6月23日，日军土肥原部队脱离黄泛区往陇海线集结（片山摄影）

■ 图8-22　1938年6月24日，脱离黄泛区的日本昭阳部队从津浦线临邑出发，向武汉方向集结（藏居摄影）

■ 图8-23 1938年6月25日，日军在临邑城外与中国游击队激战（片山摄影）

■ 图8-24 1938年6月27日，日军土肥原部队强迫黄泛区的劳工修筑堤防（缄智摄影）

第八章 黄河之战——黄河溃堤水淹日军

图8-25 侵华日军渡过黄河,南下直迫陇海铁路(缄智摄影)

图8-26 在津浦线德县被日军抓捕的中国人充当"警备队",盘查反日的中国人(缄智摄影)

日本记者镜头中的侵华战争

■ 图8-27　逃难的黄泛区民众（藏居摄影）

■ 图8-28　黄河溃堤，导致390万人无家可归（川崎摄影）

第九章 武汉会战

日本记者镜头中的侵华战争

本章照片资料是七十九年前日本从军记者小久保、晨田川、桥本和英国记者莫里循在中国武汉战场拍摄的,发表在《"支那"事变画报》第二十七辑、《国际写真情报》第十九辑上。

武汉会战,日军先后调集9个师团(第11军5个师团、第2军4个师团)、1个步兵旅团、2个重炮旅团以及大批其他专业兵种部队投入作战,包括补充兵员在内,共35万人。日军征服武汉,是妄想迫使中国政府屈服,实现支配中国,尽快结束侵华战争的目的。

从军事战略角度而言,中国军队是毫无疑问的赢家,日军遭受到一次严重的挫折。

武汉会战中国军队投入129个师、1个独立步兵旅及骑兵部队,总兵力达100万人。

中国军队与日本军队在武汉进行了钢铁与肉体的厮杀,但是,武汉还是被日本法西斯占领了。日军狂野地为占领武汉欢呼并激动地向天皇致以大东亚"圣战"的又一胜利敬礼。这些奇耻大辱的历史性镜头,中国人民是不可能忘记的!

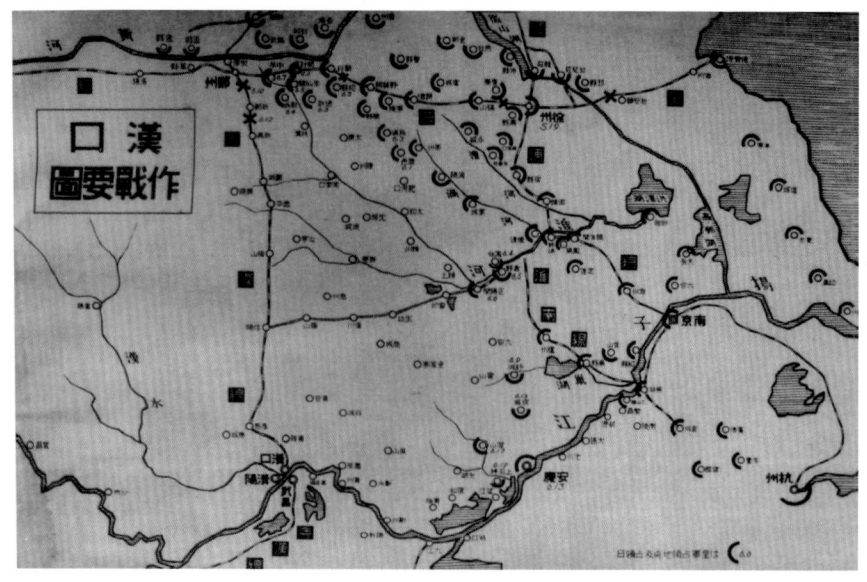

■ 图9-1 1938年10月,日军海军部的"汉口作战要图"

第九章　武汉会战

■ 图9-2　为抗战而在武汉街头宣传"献金救国"的武汉儿童（莫里循摄影）

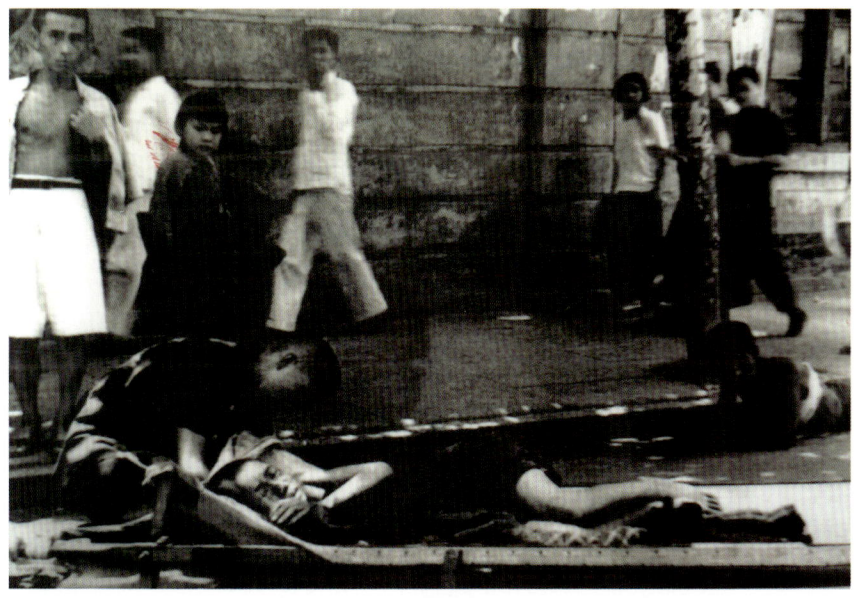
■ 图9-3　日军航空队轰炸汉口，被炸伤的平民躺在街上（莫里循摄影）

图9-4 敌机空袭下的武汉儿童胆战心惊（莫里循摄影）

图9-5 1938年10月20日，京汉铁路洪河屯喇嘛庙被日军占领（小久保摄影）

第九章 武汉会战

图9-6 1938年10月22日,日本东京《朝日新闻》关于日军海军陆战队进攻武汉的报道(小久保摄影)

图9-7 1938年10月22日,日本东京《朝日新闻》关于日军进攻武汉的报道(小久保摄影)

日本记者镜头中的侵华战争

■ 图9-8 1938年10月25日，日军波田支队的骑兵团沿江而上，26日黎明进攻武昌。画面上的"武汉最后的顽强"指的是英勇抗击日寇的中国守军（晨田川摄影）

■ 图9-9 1938年10月25日，日军第6师团佐野支队进攻汉口以北四公里的戴家山阵地。由于中国守军非常顽强，久攻不下，日军在三分钟内发射了五十发毒气弹，守军一个加强连全部战死，日军才占领戴家山。图为日军占领戴家山制高点（小久保摄影）

第九章 武汉会战

图9-10 1938年10月26日，日军占领武汉大学（小久保摄影）

图9-11 1938年10月27日，汉阳兵工厂被日军占领（桥本摄影）

日本记者镜头中的侵华战争

图9-12　日军波田支队全面占领武汉三镇（晨田川摄影）

图9-13　1938年10月27日，日本东京《朝日新闻》关于日军占领武汉三镇的报道（河村摄影）

图9-14　1938年10月27日，日本东京《朝日新闻》关于日军占领武昌的报道

第九章 武汉会战

图9-15 1938年10月31日,日本东京《朝日新闻》记者桥本拍摄的关于日本华北方面军司令寺内寿一与畑俊六司令官在武汉会师

图9-16 1938年10月31日,日本东京《朝日新闻》关于日军占领汉阳兵工厂和汉阳龟山炮台的报道

日本记者镜头中的侵华战争

■ 图9-17　日本从军记者镜头中的"攻击六安"的日本军队（小久保摄影）

■ 图9-18　1938年11月3日，占领武汉的日本海军陆战队在军舰上向日本天皇致敬，法西斯气焰十分嚣张（晨田川摄影）

第十章　华南沦陷

日本记者镜头中的侵华战争

第一节　广州沦陷

　　本节照片资料是七十九年前日本随军记者在中国华南战场的广州等地拍摄的,发表在东京《"支那"事变画报》第十七辑、《国际写真情报》第十九辑上。

■ 图10-1　日本空军侦察机从空中俯拍的广州沙面租界的英国军舰（九日原摄影）

■ 图10-2　1938年10月19日,日军的铁蹄践踏珠江三角洲（大东摄影）

■ 图10-3　1938年10月25日,东京《朝日新闻》与《福冈日日新闻》刊登的日军占领广州市区照片（九日原摄影）

日本记者镜头中的侵华战争

■ 图10-4　1938年10月26日，东京《朝日新闻》报道日军占领虎门炮台（河村摄影）

■ 图10-5　日本海军陆战队进入广州市区（大东摄影）

第十章 华南沦陷

■ 图10-6　1938年10月26日，日本《朝日新闻》报道日本占领广东省政府

■ 图10-7　1938年10月28日，广东虎门炮台被日本海军陆战队占领（河村摄影）

日本记者镜头中的侵华战争

■ 图10-8　侵入广州市区的日军（河村摄影）

■ 图10-9　1938年10月28日，日军占领广州市政府（大东摄影）

第十章 华南沦陷

■ 图10-10 被日军占领的广州街头一角（大东摄影）

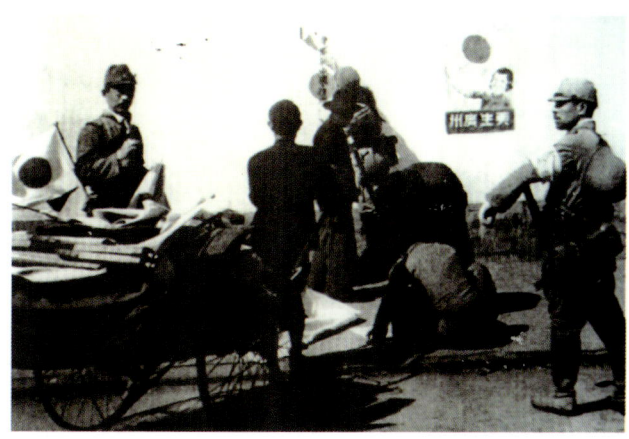

■ 图10-11 1938年10月28日，日本南支战线的部队在广东中山大学祭奠为攻占广州阵亡的士兵的亡灵（九日原摄影）

■ 图10-12 1938年11月3日，《朝日新闻》上刊登的日本士兵荷戈站在虎门炮台的克虏伯大炮炮管上的照片

第二节　海南沦陷

本节照片资料是七十八年前由日本从军记者竹田、竹森、小久保在海南战场上拍摄的，发表在东京《朝日新闻》昭和十六年（1941年）第八辑上。

■ 图10-13　1939年2月1日，东京《朝日新闻》报道日军太田和田中部队攻克海南秀英炮台（小久保摄影）

■ 图10-14　日军占领海南秀英炮台后,用拳头测量曾经炮轰他们的德国克虏伯大炮的口径(小久保摄影)

■ 图10-15　1939年2月1日,日军占领海南秀英炮台,士兵进入炮位用枪刺指着巨大的克虏伯炮弹若有所思(小久保摄影)

■ 图10-16　1939年2月3日，日军在海南围攻共产党游击队（小久保摄影）

■ 图10-17　1939年2月4日，日军占领海南，日本驻琼山领事馆的官员激动地欢呼胜利并遥拜日本天皇万岁（竹森摄影）

第十章 华南沦陷

图10-18 1939年2月4日，日本海军陆战队占领海口市（小久保摄影）

图10-19 1939年2月5日，日军占领海南文昌市（小久保摄影）

■ 图10-20 1939年2月9日，日本海军陆战队在海南南部扫荡抗日战士（小久保摄影）

■ 图10-21 1939年2月10日，日军田中部队队长与大陆战队队长会师（竹森摄影）

第十章 华南沦陷

图10-22 日军坦克在文昌市横冲直撞（小久保摄影）

图10-23 1939年2月15日，东京《朝日新闻》号外报道日军占领海南岛。这些战地新闻是用战机飞送日本福冈日日新闻社的（竹森摄影）

日本记者镜头中的侵华战争

■ 图10-24　1939年2月15日，东京《朝日新闻》报道日军占领海口市（竹田摄影）

第三节 汕头沦陷

本节照片资料是七十八年前由日本随军记者蝶野、九日原、川崎在汕头战场上拍摄的,发表在《"支那"事变画报》"'圣战'第三年,汕头攻略战特辑"上。

■图10-25 1939年6月18日,日军航空队从空中俯拍的汕头太古码头(九日原摄影)

日本记者镜头中的侵华战争

■ 图10-26　1939年6月18日，日军占领潮州市政府（蝶野摄影）

■ 图10-27　1939年6月18日，日军占领潮州市（川崎摄影）

第十章 华南沦陷

图10-28 1939年6月21日，日军从海上、陆地、空中围攻汕头（蝶野摄影）

图10-29 东京《"支那"事变画报》中关于中国战场的战事评述，时为1939年6月

图10-30　日本海军陆战队的后续部队登陆汕头海岸（蝶野摄影）

图10-31　1939年6月21日，日本海军陆战队在汕头市中心搜查抗日人士（川崎摄影）

第十章 华南沦陷

图10-32　1939年6月21日，日本海军陆战队从海上登陆汕头炮台（蝶野摄影）

图10-33　1939年6月21日，日本海军陆战队占领汕头姆岭炮台（蝶野摄影）

■ 图10-34 1939年6月21日,被日军占领的汕头市中心空无一人(川崎摄影)

■ 图10-35 1939年6月,日本从军记者镜头中"正在抢劫"的中国人(川崎摄影)

第十章 华南沦陷

图10-36 被日军占领的汕头海关（川崎摄影）

图10-37 1939年6月，日本驻汕头领事馆（川崎摄影）

第四节　香港沦陷

本节照片资料系七十六年前由日本从军记者河村、九日原在香港战场上拍摄的,发表在东京《画报跃进之日本》昭和十六年(1941年)第二十辑上。

■ 图10-38　1941年12月2日,日本从海陆空攻占香港（河村摄影）

第十章 华南沦陷

■ 图10-39　1941年12月2日，日本航空队轰炸香港（河村摄影）

■ 图10-40　1941年12月5日，日本军队在海空军炮火掩护下进攻香港（河村摄影）

日本记者镜头中的侵华战争

图10-41　1941年12月18日，日本海军陆战队从香港赤柱登陆香港本岛（九日原摄影）

图10-42　1941年12月19日，日本海军陆战队在香港上环与英军激战（河村摄影）

■ 图10-43　1941年12月21日，被日军俘虏的英国士兵（九日原摄影）

■ 图10-44　1941年12月23日，被日军俘虏的英国士兵被遣往集中营（九日原摄影）

日本记者镜头中的侵华战争

■ 图10-45　1941年12月25日，香港总督杨慕琦在圣诞节宣布对日投降，日本占领全香港（河村摄影）

■ 图10-46　1941年12月23日，日本从军记者在"南支舰队号"驱逐舰上拍摄的香港全景（河村摄影）

第十一章 日本法西斯投降

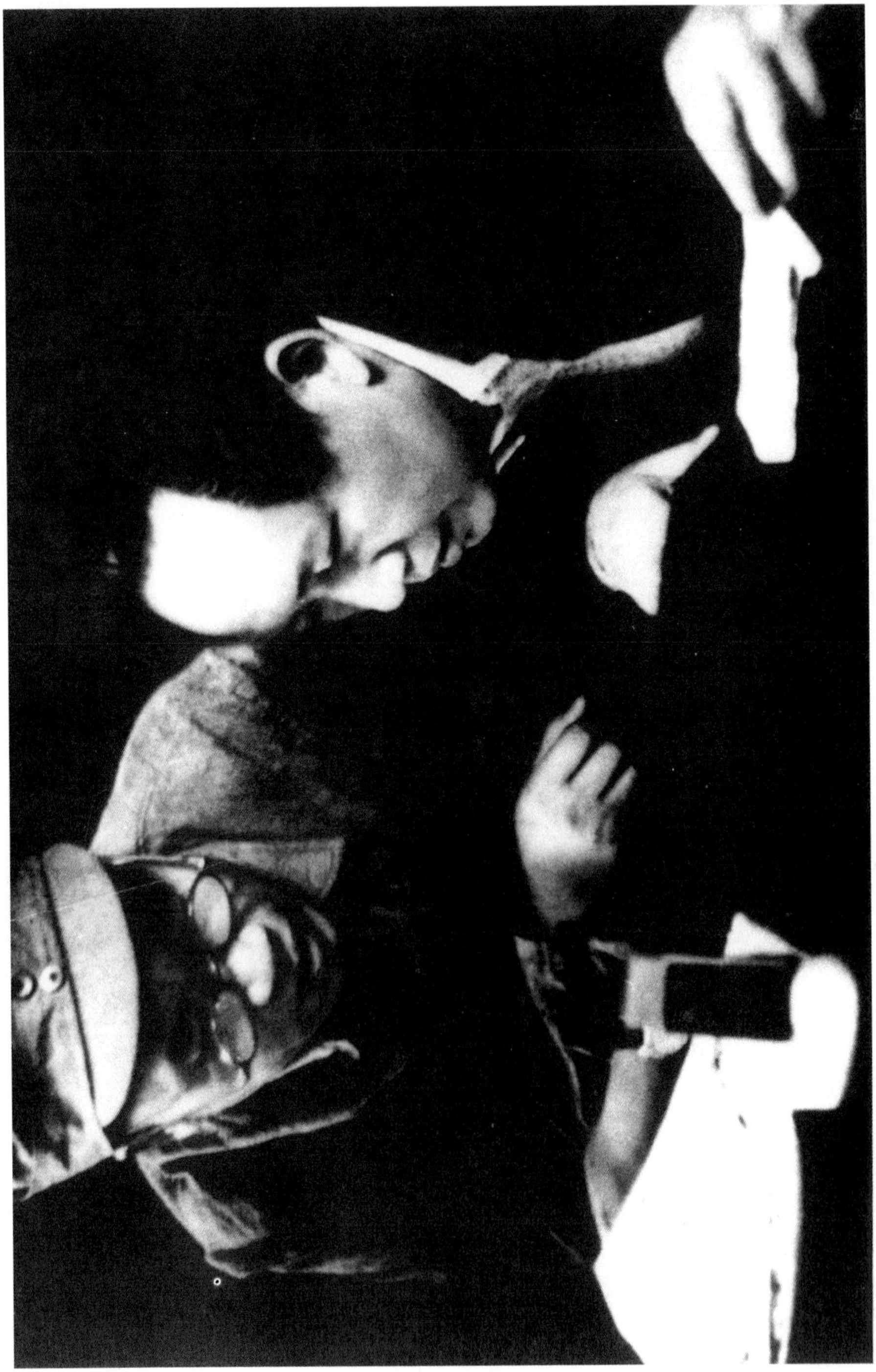

日本记者镜头中的侵华战争

图11-1　1945年8月9日,毛泽东发表《对日寇的最后一战》声明,八路军、新四军展开对日军的大反攻

第十一章　日本法西斯投降

■ 图11-2　新四军第5师命令日、
伪军投降的通牒

■ 图11-3　苏浙军区对日军的通牒

■ 图11-4　1945年8月中旬，苏联外贝加尔方面军一部在长城和八路
军指挥官一起研究协同作战事宜

日本记者镜头中的侵华战争

■ 图11-5　新四军部队向日、伪军反攻

■ 图11-6　1945年5月底，八路军和苏军在山海关会合

■ 图11-7 1945年8月22日,苏军进入大连,受到市民的热烈欢迎

■ 图11-8 华中部队向沪杭甬、浙赣、淮南等地和陇海路东段进军,收复了华中、华东的广大地区。图为新四军部队向沪杭甬挺进

日本记者镜头中的侵华战争

1945年2月23日，美军派出一千多架 B-29 轰炸机，向日本东京、大阪各大城市投下大量凝固汽油弹，尤其是对东京进行持续长时间地毯式轰炸，日本本岛各大城市陷入火海之中……后续的3—5月，美军轰炸机投下的凝固汽油弹几乎让日本各大城市变成焦土。

1945年7月26日，美英中三国发表《波茨坦公告》，促令日本投降。

1945年8月6日、9日上午，美军先后派出 B-29 轰炸机，在日本广岛、长崎投下两颗原子弹，日本国家陷入灭顶之灾。

1945年8月15日，日本宣布无条件投降。中国人民经过十四年艰苦卓绝的浴血抗争，终于打败穷凶极恶的日本法西斯，取得抗日战争的伟大胜利。

1945年9月2日，日本派代表团到美国"密苏里号"军舰签署投降书。1945年9月9日，日本在中国战区的南京签署投降书。

图11-9　1945年8月15日，国民党《中央日报》报道日本投降的消息

第十一章 日本法西斯投降

图11-10 1945年8月15日,台湾《民国旧报》号外的头版报道日本投降的消息

图11-11 台湾《民国旧报》报道日本无条件投降的消息,时为1945年8月15日

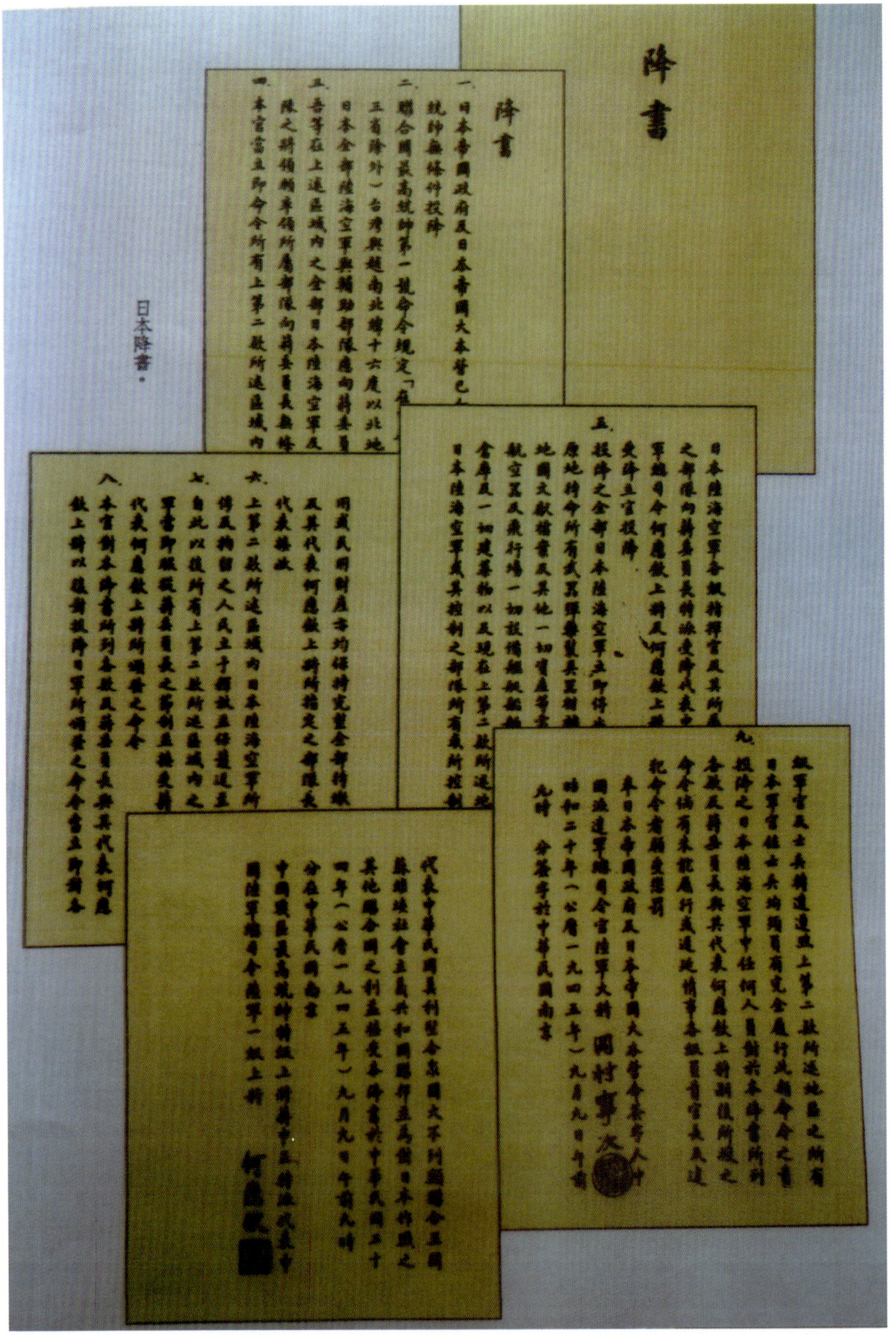

日本记者镜头中的侵华战争

图11-12　日本投降书

图11-13　1945年9月9日,南京日本投降会场。图中左方大桌后为中方代表,右方大桌后为日军代表,中央长桌后为盟国代表。中国代表自左至右为空军上校张廷孟,海军上将陈绍宽,陆军总司令何应钦,陆军二级上将顾祝同、中将萧毅肃

图11-14　出席投降仪式的日军代表

■ 图11-15　出席呈投降书仪式的日军代表。右一为陆军大佐三泽吕雄，右二为台湾军参谋长谏山春树，右三为中国海面舰队司令福田良三，右四为中国派遣军总司令官冈村宁次大将，右五为总参谋长小林浅三郎，右六为副参谋长今井武夫，右七为参谋小笠源清

■ 图11-16　中国战区日军投降书于9月9日签署，当日由中国陆军总部副参谋长冷欣专机送到重庆，9月10日，冷欣将降书呈送蒋介石察阅

第十一章 日本法西斯投降

图11-17 日本呈递降书。中国战区陆军总司令何应钦代表最高统帅接受日军总参谋长小林浅三郎递呈的降书。降书内称:"自此以后,日本海陆空军当即服从蒋委员长之节制,并接受蒋委员长及其代表何应钦上将所颁发之命令。"

图11-18 中华民国代表军令部长徐永昌将军在日本投降书上签字

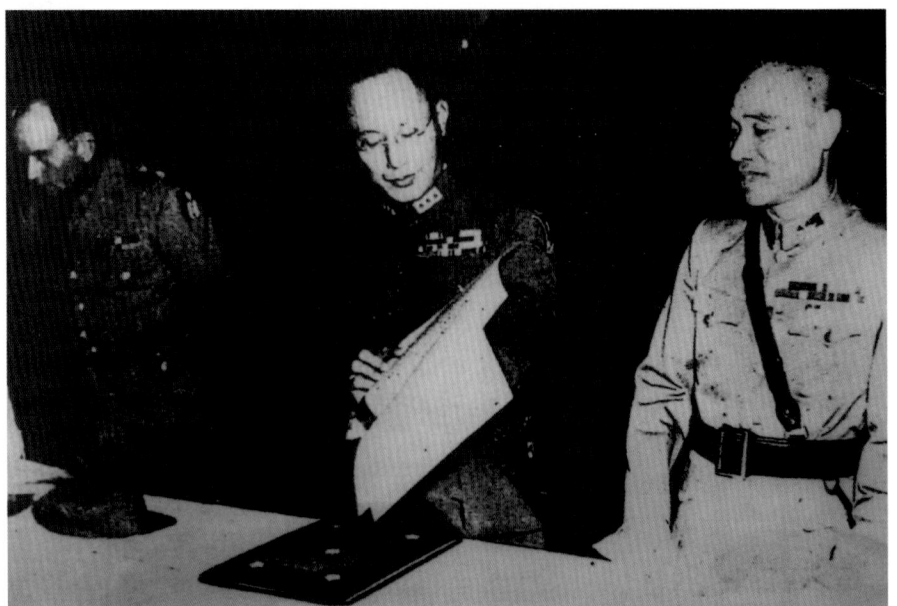

图11-19 何应钦与顾祝同在受降仪式上

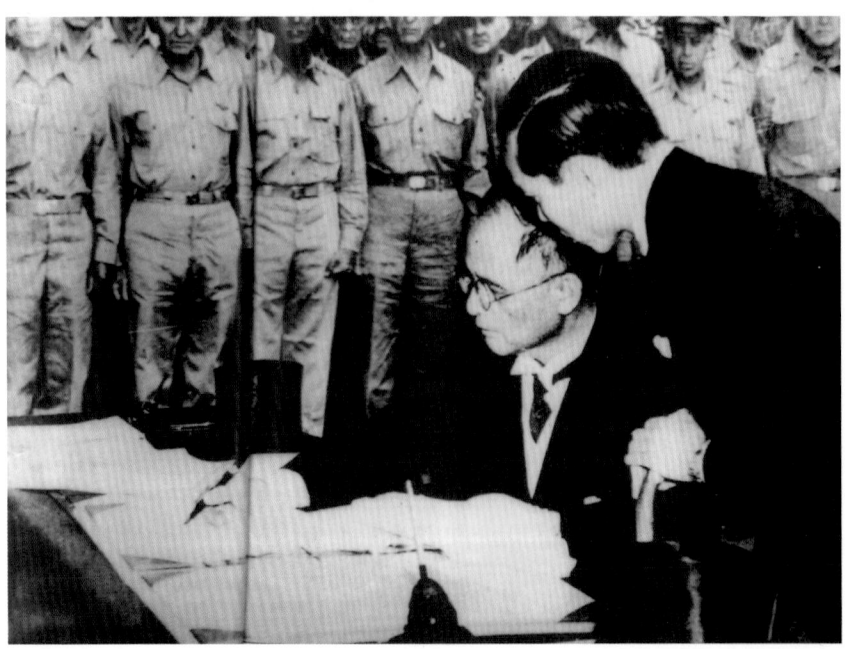

图11-20 日本外相重光葵代表日本政府签署投降书

图11-21 1945年9月2日,在美军"密苏里号"战舰上签投降书以后的日本陆军参谋长梅津美治郎丧魂落魄

图11-22 1945年9月2日,日本外相重光葵、日本陆军参谋长梅津美治郎在美军"密苏里号"超级战舰上签署投降书

日本记者镜头中的侵华战争

图11-23 谷寿夫被押送南京战犯法庭接受审判

图11-24 1947年2月25日，南京战犯法庭第二次开庭审理谷寿夫，民众围观战犯审判

第一次审理时，石美瑜传唤了受害证人白增荣、梁廷芳、姚加隆等六人，还传唤了曾经写下《陷都血泪录》的原中央军校教导总队的辎重营营长郭岐作证。此外，美籍金陵大学教授史密斯、英国《曼彻斯特报》记者田伯烈等外籍人士均出席作证。石美瑜同时下令放映日军拍摄的新市街口屠杀现场的纪录片以及美国驻华使馆新闻处拍摄的日军部队的暴行影片

■ 图11-25　1947年4月26日，谷寿夫被行刑宪兵押至雨花台，围观民众人山人海

隔天，《中央日报》报道称："(26日) 上午十一时三十分，特由该庭将被告谷寿夫，验明正身押送雨花台刑场，依法枪决。行刑枪手为国防部警卫第一团班长洪二根，在围观市民的欢呼鼓掌声中，一枪毙命，子弹从后脑进，面部出，倒地时脸朝天，口鼻均流血。当民国二十六年十二月，谷犯率部自杭州湾登陆，直扑南京，攻陷雨花台，冲进中华门，与日军其他部队，共同纵兵屠杀俘虏及非战斗人员，并强奸、抢劫、破坏财产，我无辜民众被害者高达数十万人，罄竹难书。昨日此不可一世之杀人魔王，神色黯然，重临旧地，获得其应得的报应，雨花台畔，一抔黄土，作为其长眠忏悔之所。"

■ 图11-26　1947年9月，曾参加南京大屠杀的"百人斩"刽子手向井敏（左一）在南京战犯法庭被判死刑

日本记者镜头中的侵华战争

后 记

　　《日本记者镜头中的侵华战争》是以日本从军记者在中国战场上拍摄的历史照片为资料编著而成的，原拟作为献给中国人民抗日战争暨世界人民反法西斯战争胜利七十周年的礼物，深感一种人生责任的完成和由衷的愉悦。我没有辜负日本友人桥本先生的期望，我是用他提供的日本从军记者在侵华战场上记录下来的原真照片资料，奉献《日本记者镜头中的侵华战争》一书，向全人类昭示："中国人民决不允许日本否认侵华战争历史，决不允许日本军国主义卷土重来！"

　　一本著作的完成，除了个人的努力，更有众友贵人的支持和帮助。厦门社会科学院党组书记周旻先生、院长王琰先生和黄碧珊秘书长在阅读初稿之初曾提出宝贵的修改意见。去年我在东京早稻田大学时，王院长发来信息说，周书记认为南京大屠杀是日本法西斯屠杀中国人的标志性暴行，日本投降是中国人民抗击日本法西斯战争胜利的重大成果，必须让这些历史资料得到补充。王院长则要求我找出每一张历史照片资料的出处——拍摄照片的从军记者的名字，历史照片发表在日本东京的哪一家报社、刊物上。为了达其要求，我前后累计通了五个多小时的越洋电话，祈请桥本先生查询，详细核对日本东京《"支那"事变画报》、《福冈日日新闻》、《国际写真情报》、《"支那"事变前线写真》等画报刊物里的相关资料。长久的越洋电话，我太太心疼地用闽南语抱怨："为什么不启用微信……为了这本书，你花掉家里多少电话费呀！"没想到桥本先生在东京那边突然用闽南话对我说："胡桑，东京的长话费比厦门便宜……我挂给你！"

　　我太太意外心疼地插话，竟然让我知道原来桥本的闽南语是